大底回升

股市实战技巧与策略

刘子德 ◎ 著

中国发展出版社
CHINA DEVELOPMENT PRESS

图书在版编目（CIP）数据

大底回升：股市实战技巧与策略 / 刘子德著. — 北京：中国发展出版社, 2013.11

ISBN 978-7-5177-0020-3

Ⅰ. ①大… Ⅱ. ①刘… Ⅲ. ①股票投资—基本知识 Ⅳ. ①F830.91

中国版本图书馆CIP数据核字(2013)第229237号

书　　名：大底回升：股市实战技巧与策略
著作责任者：刘子德
出 版 发 行：中国发展出版社
（北京市西城区百万庄大街16号8层　100037）
标 准 书 号：ISBN 978-7-5177-0020-3
经　销　者：各地新华书店
印　刷　者：三河市东方印刷有限公司
开　　本：710mm × 960mm　1/16
印　　张：14.5
字　　数：180千字
版　　次：2013年11月第1版
印　　次：2013年11月第1版
印　　数：1—5000册
定　　价：35.00元

联 系 定 话：（010）68990630　68990692
购 书 热 线：（010）68990682　68990686
网 络 订 购：http://zgfzcbs.tmall.com//
网 络 电 话：（010）88333349　68990639
本 社 网 址：http://www.develpress.com.cn
电 子 邮 件：fazhan010@126.com

读者推荐

这是一本非常实用、有效、值得股民朋友钻研的书。

资深投资顾问　陈锐（武汉）

非常感谢刘老师写的这本书，它使我明白了很多以前炒股过程中犯的错误，让我的实战操作有了质的飞跃。

11年股龄股民　潘逸（安徽）

刘老师写的这本书里面的方法我一直在研究，放到实战中很有效。

7年股龄股民　陈志明（上海）

本书中的很多思想别具一格，实用性很强，我们股民经常是因为分析问题的角度错误导致操作失误。

2年股龄股民　张德虎（山东）

此书对我这样的新股民来说，既学到了理论知识又学习到了实战技巧，我会对照着进行反复实践。

6个月股龄股民　刘凯泽（河南）

目录 CONTENTS

第三章　大底回升模型的七大元素

第四章　大底回升模型如何选股

第五章　大底回升模型的四种买入法

推荐序

A股市场从起步到成长最后到成熟，是一段必经之路。读者作为投资主体，一定要不断地提高自己的投资技巧，强化自己的投资能力，如此才能从容面对其中的跌宕起伏。

据权威机构调查，一个成熟的投资者至少需要5年的股市实战经验，大部分人甚至需要10年左右。同时，至少需要操作2000次以上，才能建立起完整的投资逻辑和投资体系。如果以上数据导致你的投资信心大幅下降，那么我想说，其实大可不必。因为读书——尤其是读兼具理论高度和实战技巧的书——可以更好地借鉴别人的投资经验来武装自己，缩短你成为一个成熟投资者的时间，让投资过程中少走弯路。

评价一本投资类书籍的好坏，在我看来，无非主要看以下两个方面：

第一，投资思想如何，或者说投资逻辑怎样。

正所谓“思路决定出路，境界决定高度”。就像一个生命的结束，有人理解为“人死如灯灭”，而孔子则认为“朝闻道，夕死可矣”。本书中有大量的经典投资思想和投资逻辑值得大家去深思、去体悟、去运用。比如：

- 做最有把握的事情。
- 决定你收益的是你的能力，不是盘面。
- 实战操作是根据客观的分析结论来决定的，不是由感觉和主观意识决定的。
- 卖出股票时，不要想涨了怎么办，而要分析跌了怎么办。
- 止损点和买入点是同时分析出来的，脱离了买点的止损没有任何意义和价值。
- 如果是真正的“知”，在执行力方面就不会有问题；“半知”的执行力就会很有问题。要提高“知”，必须让每一次的操作都有根有据。
- 多站在庄家角度分析股票，而不是站在自我角度。

以上这些思想在本书中均有正面或侧面的讲解，它们有助于大家更好地认清实战操作中的错误。认清了自己的错误，端正了思想，离成功也就不远了。

第二，投资方法怎样。

没有思想的投资方法就好比人没有大脑，而没有投资方法的投资思想就好比人没有四肢。所以投资方法和投资思想同样重要，两者缺一不可。读者的投资收益和了解了多少方法无关，而和对方法的领悟深度和掌握程度有关。本书推荐的大底回升模型是股市实战中经常能用的到一种方法。

大家在学习炒股方法的时候，一定要注意简单、有效、可复制三个特征。本书所讲解的大底回升模型就具备这些特征。一只股票从宏观的角度来分析，具有上涨趋势、横盘趋势和下跌趋势。下跌趋势不操作股票，这个道理大家应该都能明白。大底回升模型是描述股票从下降趋势转为上升趋势的一个分水岭。把握好了这个分水岭，自然就把握好了一只股票的相对低点。而中继形态则是连接股票上升趋势的中转站。掌握了这两个状态，就等于掌握了一只股票的完整上升趋势。用这种方法炒股，自然而然就不会去购买下跌趋势的股票，因为这个方法只研究下跌结束或者正处于上升趋势的股票。所以该书在方法选择上也别出心裁，值得大家一学。

作者和本人曾是多年的共事好友，他非常热爱股票事业，以帮助更多股民朋友走出投资困境、建立有价值的投资体系为己任。希望看到本书的朋友都能掌握大底回升模型的战法，通过股市获得财富增长。

证券评论员　刘辉

2012年12月于武汉

前　言

近期看了一部电视剧《天道》，里面女主角总结男主角成功经验的镜头让我印象深刻。她说，男主角的成功源于他尊重客观事实，并加了一句：尊重客观事实和自然规律是一件很难的事情。

这句话让我回味了很久。之所以回味，主要是想到了两个资深投资专家说过的两句话。第一句是："波浪理论来源于自然规律，尊重波浪理论就等于尊重了自然规律。"第二句话是："股票涨多了会跌，跌多了会涨。这是自然规律。所以下跌是股市最大的利好，上涨是股市最大的利空。"起初我并没有把这两句话放在心上，因为觉得太简单。经过了很长一段时间的股海沉浮后，我才慢慢领悟。股市就如人生。在四十岁之前，我们一直做加法，什么都想得到；四十岁之后，我们的人生开始做减法，很多事物变得不再那么重要。股票市场也是如此。当我们不断积累各种炒股知识和技巧时，却常常忘记一些简单的道理，反而容易背离股市的自然规律。波浪理论的基础浪型和"跌多了会涨、涨多了会跌"这两句话，就最简单、最准确地揭示了股市的运行规律。下面详细分析一下。

第一个规律，即波浪理论的基础浪型。一只上涨10倍的股票，绝大部分情况下，是进二退一或者进三退一式的螺旋式上涨。它退的过程中我们要考虑买股票，因为退完后会涨；它进的过程中我们要考虑卖股票，因为进完了会跌。而我们大部分投资者的做法却恰恰相反，所以股市上大部分投资者都是亏钱的。

第二个规律，即涨多了会跌，跌多了会涨。这个规律看上去和第一个规律一样，其实不然。这个规律加上了对时间周期的考量。“涨多了”的含义是，一只大涨过的股票，往往会迎来一个比较大的回调。反之，一个大跌过的股票，往往会涨。

这两个规律结合波浪理论就好理解了。第一个规律描述的是，一个完整的（上涨）推动浪是由5个浪型组成。即3个上涨浪，2个下跌浪。第二个规律描述的是，（上涨）推动浪走完之后会迎来（下跌）修正浪。

这两个规律看上去非常简单，可如果我们真正遵照这两个规律去操作，那在股市上赚钱就不会有太大问题。至少这样做后，我们在战略上就胜过了大部分投资者。下面，我们再换个角度来分析这个问题。

一只股票从低位向高位运行，我们若站在庄家的角度来考虑问题的话，则庄家在低位唯一而且必须要做的事情就是吸筹。想方设法地骗取散户的筹码是庄家唯一的目的。放量下跌或者低位不温不火，这些迹象都是为了骗取筹码，消耗散户持股的耐心。而在高位，庄家要做的唯一事情就是出货。想尽一切办法骗散户进去也是庄家的唯一目的。拉中阳线或者九十度角上涨都是为了吸引大家的眼球，让散户高位追进去。

当然，千万不要认为拉中阳线的股票要买，出现中阴线的股票要卖，如果有这种想法就大错特错了。我们要做的是当市场高涨甚至疯狂的时候考虑离场，当别人恐惧、绝望之后考虑入场。对股民来说，建立这种思维逻辑和行为意识非常重要。

大底回升模型正是在这两个规律的基础上诞生的。它充分运用了波浪理论尊重自然规律这一核心思想。需要提醒的是，大底回升模型不是教大家数浪，而是教大家形成一种操作股票的战略和思想。而真正的战术如选股、买点、卖点、止损这些问题，是本书的重点讲解的内容。同时，大底回升模型对股票的选择也会考虑到股票的基本面和股票的行业，因为优质的股票或者高成长行业的股票是上涨的保障；只是股票基本面的研究我们要借助外力，至于具体如何借助外力，本书中也会重点讲解。

在撰写本书之前，作者的职业是股票培训师，一直在一线从事股民教育工作，参加过上千场股民见面会，认识了许许多多的股民，也发现了许多炒股陋习。谨以此书献给那些在股市上赔得伤痕累累的朋友，也希望帮助投资者建立起一套完整的选股和操作体系。

刘子德

2012年12月于上海

第一章

股市中的四种经典理论

本章提示

谈及股票，大多数投资者的印象就是：赚钱容易，赔钱也容易。但真正涉及到实战投资，A股市场历史数据反映出来的现实却是：80%以上的股民总体来说是赔钱的。面对这样的数据，很多投资者既心酸又欣慰，心酸的是：中国股民中，为何如此之多的投资者以失败告终？欣慰的是：市场上赔钱的不止我一个人，或许这能在心理上得到一些安慰。作为一个独立的投资个体，如何在股市中挖到一桶金？每一位股民都期望获得答案。

本章主要讲述主流派的股市经典理论。读完这一章之后，你要明白三个问题：第一，这些经典理论是不是有道理？第二，这些经典理论之间会不会有冲突，能不能一起用？第三，能不能从中找到一种适合你的理论方法，并努力实践它？

市场主流的股票分析方法主要有以下四种：基本面理论、趋势理论、波浪理论和江恩理论。

第一节　基本面理论

我们都知道，做股票投资是一件很复杂、很专业的事，如果能够长期持有一家优质公司的股票，并不为期间的波动而影响情绪，几十年如一日地坚持，才能称之为真正的长期价值投资。正因为这样做非常之难，真正能够做到的人非常之少，所以长期价值投资才会被世人所称道。中国A股市场上有很多“伪价值投资者”，股票一旦下跌超过其心理极限，其就会对自己选择的投资标的进行质疑，然后抛售。造成这种现象的原因，一是由于投资者的基本面分析还没有达到成熟的水平，二是因为中国股市真正可以进行长期价值投资的股票不多。

每一位投资者都知道股神巴菲特，但很少有人知道巴菲特所生活的那个叫奥巴马的小镇，以及小镇上的普通人的故事。巴菲特1963年成功收购了伯克夏·哈撒韦公司之后，当地的所有人都把他当做英雄，都争相购买了这家公司的股票。当时的股价只是每股10

美元左右。40多年过去了，全镇的百姓大多都没有卖出这只股票。这期间，地球上发生了几十次大大小小的股灾，经济危机也发生过好多次，甚至发生过数不清的战争、洪水和地震，可无论哪一次灾难都没有动摇他们持有这只股票的信心。长久的持有换来了丰厚的回报，小镇上的人大多成了百万富翁、千万富翁甚至亿万富翁。有一次，记者们参加完伯克夏公司的股东大会后，顺道采访了这些拥有少则几百股、多则上万股股票的富翁们。他们的平常心态足以让所有人感动和震撼。当被问到年老后他们是否会考虑卖出自己手中的伯克夏公司股票时，他们的回答是那样地一致——“不”。所以说，与其说是巴菲特缔造了这个全美最富有的小镇，还不如说是价值投资的力量所致。

奥巴马镇的百姓长期持有伯克夏这只股票是出于对巴菲特的信心，但全世界大多数投资者是没办法买到这只股票的，所以这就需要我们用财务分析的方法加上长期跟踪、判断来找出那些值得我们长期投资的优质公司。如同衣服有三六九等之分一样，上市公司也参差不齐，要进行严格的分类和筛选。按照常见的分类方法，股票大致上可以分为垃圾股、普通股、成长股和优质股。垃圾股是指那些资不抵债的或者股价远远超过其自身价值的股票。彼得·林奇针对垃圾股曾说过这样一句名言：“无论你用多少资金去投资一只垃圾股，结局都会是这一笔投资变成零。”普通股是指占有市场相当大比例的“大众”股票，这些股票与市场的走势几乎是同步的。成长股则可分为很多类型，这些类型的股票在市场中最受青睐。当然，一定要认清一个事实，即一家小型成长公司的股价一定比一家大型成长公司的股价高；与之相反，大型成长公司的投资价值要远远高于那些新兴的小型成长公司。优质股也就是在巴菲特眼里永远都不会抛出的伟大公司的股票。伟大公司的股票非常之少，能在合适的价格买进的机会更是少之又少。所以，能够在一生的时间里捕捉到一只真正具有长期投资价值的优质公司的股票，这样的投资就可以被认为是非常成功的。

具备长期投资价值的优质公司至少要具备以下几个条件或者说是特征。

第一，公司是行业龙头，在行业中有一定垄断地位。

像美国的可口可乐、谷歌、苹果，中国的贵州茅台等。相信中国的A股市场中也能找到下一个贵州茅台。

第二，公司处于非周期行业中。

2006年、2007年A股市场周期性行业的公司股票价格飞涨，有色金属、能源、农业等周期性行业的股票都得到了爆炒。谁曾想过，一旦供求关系发生变化之后，周期性行业股票的股价将如滚雪球似的暴跌下来？2008年、2011年的A股市场上，周期性行业公司的股票价格都曾大幅度下跌。其实，一家真正伟大的公司绝不能是一家周期性行业非常强的公司，巴菲特一直持有的可口可乐和吉列这两家公司就属于周期性特征不明显的消费型的公司，茅台和苏宁这样的优质公司同样不属于周期性公司。

第三，净资产增长率一定要超出行业平均水平。

很多投资者只喜欢看上市公司每一财务年度的每股净利润增长

率，而忽视了更为重要的净资产增长率。其实，要看一家公司是否真正在稳定地增长，最重要的指标就是净资产增长率。净资产增长率发生的变化可直接成为判断一家公司是否健康运行的标准，也可作为投资者判断能否继续持有这家公司股票的重要依据。

第四，分红率一定不能低于同期三年期国债的水平。

一名真正的长期价值投资者绝不会因为市场的趋势变化或者外界因素影响而动摇自己持有股票的信心，这就需要获得优质公司持续不断的分红回报。每股每年分红率是体现公司是否重视股东利益的一个比较重要的财务指标。虽然目前中国的股市中多数公司都是不分红或少分红的，但可以发现，已经有越来越多的公司明白分红对于市场意味着什么，对于公司的股价水平又意味着什么。分红率的高低是权衡一个股票市场是否成熟的重要指标。

第五，现金流指标表现良好。

现金流是一家公司的血液，伯克夏公司的股价之所以全世界最高，与巴菲特始终拥有相当比例的现金是分不开的。正如巴菲特所说的那样："充足的现金流能让我在这个市场犯错误的时候买到价廉物美的好东西。"巴菲特拥有的30多家大大小小的保险公司源源不断地为他提供了充沛的现金流，而巨大的现金流也为公司的价值提供了很多想象的空间。

看完以上五点，大家可以先暂停一下，打开自己的电脑，看看能不能按照以上五点找到适合自己的股票。我想答案肯定是：不能。因为上述五点里面有很多概念是模糊的、很难量化的，而且也没有给出选择失误后的纠错方法。研究过基本面分析、巴菲特投资哲学的人都知道，巴菲特有一句著名的投资格言：保住本金，保住本金，还是保住本金。所以做价值投资分析你只要记住一句话即可：本金高于一切。可惜的是，大部分投资者对这句话都置若罔闻，在风险控制方面的意识都比较欠缺。

第二节 趋势理论

技术分析里面最核心的思想应该是趋势理论。顺势而为，趋势为王，这是技术投资者经常提及的一句投资格言。

一、趋势线的含义

在变化莫测的股海中沉浮日久之人，可能会产生某种幻想，诸如梦中得遇仙人指路——日后的股市走势就沿着“仙人”所指的方向发展。这当然是无稽之谈。不过趋势线是一种研究可能出现趋向的分析方法，而且其准确性也曾经在股市的几个转折点上得以体现过。

趋势线是用画线的方法将低点或高点相连，利用已经发生的事例，推测以后市场大致走向的一种图形分析方法。我们发现，在各种股价图形中，若处于上升趋势，股价波动必是向上发展，即使是出现回档也不影响其总体的涨势。如果把上升趋势中间回档低点分别用直线相连，则这些低点大多在这根线上。我们把连接各波动低点的直线称为上升趋势线。

相反，若处于下降趋势，股价波动必定向下发展，即使出现反弹也不影响其总体的跌势。把各个反弹的高点相连，我们会惊奇地发现它们也在一根直线上，我们把这根线称为下降趋势线。

正确地画出趋势线，我们就可以大致了解股价的未来发展方向。按所依据波动的时间长短不同，便出现了三种趋势线：短期趋势线（连接各短期波动点）、中期趋势线（连接各中期波动点）和长期趋势线（连接各长期波动点）。

趋势线的市场含义，我们可以通过投资者的心理活动进行分析。

在股价上升时，市场一片看好，大家都在等回档时买进，心理价位逐步提高。在回落到前一低点之前，强烈的买气阻止了股价下跌而回升，使股价波动低点逐步提高。这种看涨的心理造成了上升趋势。

当股价下跌时，人们一片看坏，投资者均等待反弹时出货，心理价位逐步下移，在回升到前一高点之前，已经有大量筹码等待卖出。这种看跌心理使股价逐波回落，形成下降趋势。

二、趋势线的研判要点

1. 上升趋势线由各波动低点连成，下降趋势线由各波动高点连成。

2. 上升趋势线是股价回档的支撑线，当上升趋势线被跌破时，形成出货信号。下降趋势线是股价反弹的阻力线，一旦下降趋势线穿破，则形成进货信号。

3. 无论是向上突破还是向下突破，均以突破超过3%涨跌幅为有效突破，否则为假突破。

4. 向上突破成交量必须有效放大，而向下突破无需量的配合，但确认有效后成交量方会增大。

5. 如果突破以缺口形式出现的话，则突破将是强劲有力的。

6. 在上升或下降趋势的末期，股价会出现加速上升或加速下跌的现象，所以，市况反转时的顶点成底部，一般均远离趋势线。

在此建议投资者在进行画线分析时，可画出不同的试验性趋势线。不但较小的波动可用直线画出，较长的波动也可用直尺画线。把一把直尺放在不同股价趋势图上，我们会惊奇地发现：股价上升是由一连串的波纹组成，这些波纹的底部形成一条上倾的直线；下跌也是由一连串的波纹组成，它们的顶部形成了一根下倾的直线。另外还可从趋势线发展角度的陡与缓，判别股价变化的速度。当趋势线成为水平线时，则须警惕一次转折的来临。

三、趋势理论的运用

1. 所谓趋势线，就是根据股价上下变动的趋势所画出的线路。

画趋势线的目的，即依其脉络寻找出恰当的卖点与买点。趋势线可分为上升趋势线、下降趋势线与横向整理趋势线。

2. 股价在上升行情时，除了须在连接股价波动的低点画一直线外，也应在连接股价波动的高点画一直线，于是股价便在这两条直线内上下波动，这就是上升趋势轨道。股价在下跌行情时，除了在连接股价波动的高点画一直线外，也要在股价波动的低点画一条直线。股价在这两条直线内上下波动，这就是下跌趋势轨道。股价在横向整理时可形成横向箱型趋势线。

3. 利用趋势轨道决定买卖点 。

①无论是在上升还是下跌趋势轨道中，当股价触及上方的压力线时，就是卖出的时机；当股价触及下方的支撑线时，就是买进的时机。

②若在上升趋势轨道中，发现股价突破上方的压力线时，证明新的上升趋势线即将产生。

③若在下跌趋势轨道中，发现股价突破下方的支撑线时，可能新的下跌趋势线即将产生。

④股价在上升行情时，一波的波峰会比前一波的波峰高，一波的波谷会比前一波的波谷高；而在下跌行情时，一波的波峰会比前一波的波峰低，一波的波谷会比前一波的波谷低。

⑤处于上升趋势轨道中，若发现股价无法触及上方的压力线时，即表示涨势趋弱了。

大底回升模型中会较多运用到趋势理论，因为趋势理论在所有理论体系中，符合简单、有效、可复制的要求，故后面会经常拿出来与大家一起探讨运用。

第三节　波浪理论

若说趋势理论告诉了我们何谓大海，那波浪理论则指导了我们如何在大海中冲浪。

“做大势者赚大钱，做小势者赚小钱，逆势而行亏老本”，这是关于资本市场投资操作的经典之言。股市中股价的起伏跌宕，往往会使许多见小利就开溜的投资者丈二和尚摸不着头脑，于是他们在实际操作中只能浮躁地追涨杀跌、听风就是雨，错失许多本该做一波行情的绝好良机。

艾略特（R.N.Elliott，1871~1948）是波浪理论的创始者，他在1938年提出，社会和人类的行为在某种意义上呈可认知的形态。艾略特认为，不管是股票还是商品价格的波动，都与大自然的潮汐、波浪一样，一浪跟着一浪，周而复始，具有相当程度上的规律性，展现出周期性循环的特点。而且他还认为，任何波动均有迹可循。

股价的波动乍看似乎毫无规律可循，但其实如同大自然中的海浪、潮汐一样，有其不可抗拒的内在法则。大自然中的海浪、潮汐有潮涨、潮平和潮落时。潮涨时虽然时时会夹杂浪尖浪底，但随着时间的推移，每一个浪底都会超过前一波的浪尖；潮落时，虽然亦会时时夹杂着许许多多的浪尖浪底，但随着时间的推移，每一个浪尖都会低于前一波的浪尖。

股价的波动与自然界中的潮汐现象极其相似。在多头市况下，每一个高价都会是后一波的垫底价；在空头市况下，每一个底价都会是后一波的天价。如果投资者能审时度势，把握股价的波动大势趋向，那就不必老围着股价的小小波动而忙出忙进，只需随着大势一路做多或一路做空，就既能抓住有利时机赚取大钱，又能规避不测之险及时止损。艾略特的波浪理论为投资者提供了很好的判别股价波动大势的工具。

曾经有人说过，多数的技术分析，在本质上都是趋势分析。趋势理论，虽有其不可替代的优点，但也是在趋势形成之后，才会出现确认的讯号。波浪理论则能更进一步对头部与底部做出预警，而且能以较传统的分析方法加以确认。在以下内容中，我们将重点指出波浪理论与大家熟知的图形分析两者之间的共同点。

一、波浪理论的基本规则

投资者应了解，艾略特波浪理论的关键主要是三个部分：第一，波浪的形态；第二，浪与浪之间的比例关系；第三，浪与浪之间的时间间距。而这三者之间，波浪的形态最为重要。

波浪的形态，是艾略特波浪理论的立论基础，所以，正确地数浪，对成功运用波浪理论进行投资时机的掌握至关重要。所谓数浪的基本规则，其实只有三条。如果投资者能在平时对这三条基本数浪规则坚守不移地运用，可以说在股市中已经成功了一半。

数浪的三条基本规则如下：

第一，第三浪（第三推动）永远不允许是第一至第五浪中最短的一个浪。在股价的实际走势中，通常第三浪是最具有爆炸性的一个浪，也经常会成为最长的一个浪。

第二，第四个浪的底部，不可以低于第一个浪的浪顶。

第三，第二浪的运动不会超过第一浪的起点。

除了以上三个在数浪时的铁律外，还需要记住两个补充规则。这两个补充规则并非是牢不可破的铁律，它们的主要作要是帮助投资者更好地判别浪形，协助投资者正确地数浪。

补充规则一：交替规则，即如果在整个浪形循环中，第二浪以简单的形态出现，则第四浪多数会以较为复杂的形态出现。

第二浪和第四浪就性质而言，都属于逆流行走的调整浪，而调整浪的形态有许许多多种子类型。这条补充规则，能较好地帮助投资者分析和推测市场价格的未来发展和变化，从而把握住出入的时机。

补充规则二：股市在上升一段后会进入调整期，尤其是当调整浪依旧属于第四浪的时候，多数会在较低一级的第四浪内完成；通常情况下，会在接近终点附近完结。

这条补充规则主要是为投资者提供调整的终结点，从而使投资者了解，在调整临近终结时，应注意做多、做空时的策略，不使投资者在操作上犯方向性的大错，造成不可逆转的局面。

二、波浪理论中浪的形态

第一浪：

（1）几乎半数以上的第一浪，是属于营造底部形态的第一部分。第一浪是循环的开始，由于这段行情的上升出现在空头市场跌势后的反弹和反转，买方力量并不强大，加上空头继续存在卖压，因此，在此类第一浪上升之后出现第二浪调整回落时，其回档的幅度往往很大。

（2）另外半数的第一浪，出现在长期盘整完成之后。在这类第一浪中，其行情上升幅度较大，依经验看来，第一浪的涨幅通常是五浪中最短的行情。

第二浪：

这一浪是下跌浪。由于市场人士误以为熊市尚未结束，其调整下跌的幅度往往相当大，几乎会吃掉第一浪的升幅。当行情在此浪中跌至接近底部（第一浪起点）时，市场出现惜售心理，抛售压力逐渐衰竭，成交量也逐渐缩小时，第二浪调整才会宣告结束。在此浪中经常会出现图1中的转向形态，如头肩底、双底、圆弧底等。

第三浪：

第三浪的涨势往往是最大、最有爆发力的上升浪。这段行情持续的时间与幅度，经常是最长的。市场投资者信心恢复，成交量大幅上升，常出现传统图表中的突破讯号，例如跳空缺口等。这段行情走势非常激烈，一些图形上的关卡，非常轻易地被穿破，尤其在突破第一浪的高点时，是最强烈的买进讯号。

由于第三浪涨势激烈，经常出现“延长波浪”的现象。具体表现详见图1。

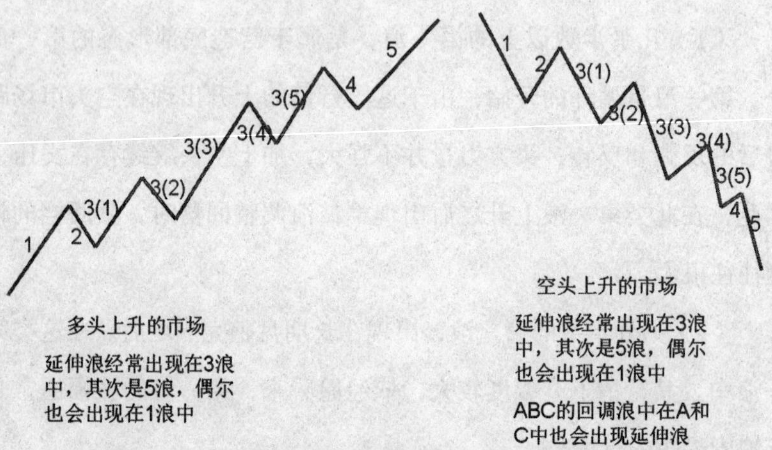

图1

第四浪：

第四浪是行情大幅劲升后的调整浪，通常以较复杂的形态出现，经常出现“倾斜三角形”的走势。但第四浪的底点不会低于第一浪的顶点。

第五浪：

在股市中第五浪的涨势通常小于第三浪，且经常出现失败的情况。在第五浪中，二、三类股票通常是市场内的主导力量，其涨幅常常大于一类股（绩优蓝筹股、大盘股），即投资人士常说的“鸡犬升天”。此期市场情绪表现相当乐观。具体表现形式详见图2。

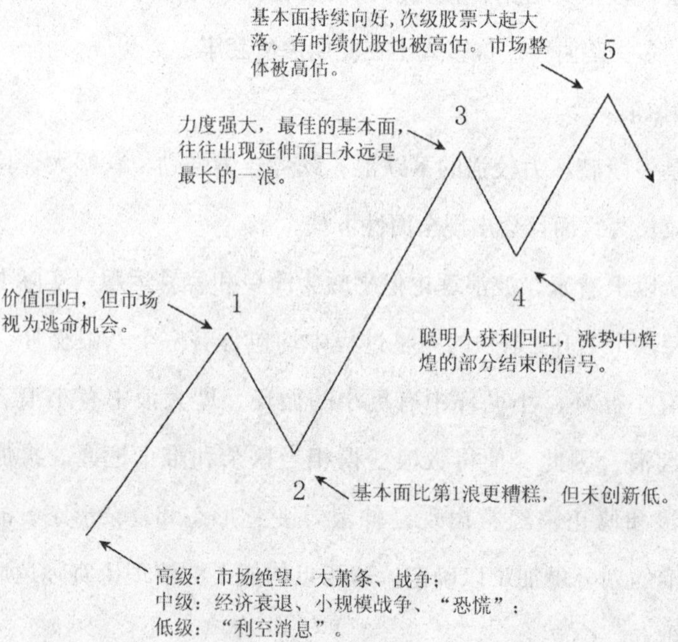

图2

第A浪：

在A浪中，市场投资人士大多数认为上升行情尚未逆转，此时仅为一个暂时的回档现象。实际上，A浪的下跌，在第五浪中通常已有警告讯号，如成交量与价格走势背离或技术指标上的背离等。但由于此时市场仍较为乐观，故A浪有时呈现横向调整或者“之”字形态运行。

第B浪：

B浪的表现经常是成交量不大，一般而言是多头的逃命线。然而由于是一段上升行情，很容易让投资者误以为是另一波段的涨势，形成“多头陷阱”。许多人士在此期惨遭套牢。

第C浪：

是一段破坏力较强的下跌浪，跌势较为强劲，跌幅大，持续的时间较长久，而且会出现全面性下跌。

从以上看来，波浪理论似乎颇为简单和容易运用。实际上，由于其每一个上升 / 下跌的完整过程中均包含有一个八浪循环，大循环中有小循环，小循环中有更小的循环，即大浪中有小浪、小浪中有细浪，因此，使得数浪变得相当繁杂和难于把握。再加上其推动浪和修正浪经常出现延伸浪等变化形态和复杂形态，故常使得对浪的划分更加难以确定。这两点构成了波浪理论实际运用中的最大难点。

在本书中，波浪理论也经常会被用到。数浪确实比较复杂，但如果投资者不会具体数浪也不要担心，只要学会波浪理论的思想及其基础理论即可用来指导实际操作。

第四节　江恩理论

一、江恩理论概述

威廉·江恩（Willian D.Gann）是二十世纪最著名的投资家之一，他在股票和期货市场上的骄人成绩至今无人可比，他所创造的把时间与价格完美地结合起来的理论，至今仍为投资界人士所津津乐道，备受推崇。

江恩相信，股票、期货市场里也存在着宇宙中的自然规则，市场的价格运行趋势不是杂乱的，而是可通过数学方法预测的。江恩的数学方程并不复杂，实质就是价格运动必然遵守的支持线和阻力线，也就是通常被称为的江恩线。

江恩认为，进行交易必须根据一套既定的交易规则去操作，而不能随意地买卖，盲目地猜测市场的发展情况。他主张，随着时间的转变，市场的条件也会跟随转变，投资者必须学会跟随市场的转变而转变，而不能认死理。

江恩告诫投资者，记住永远不要背离趋势。在你决定跟随市场趋势时，要随其而动，遵守准则以决定趋势，而不要以猜测和希望来做交易。投机之道乃顺势而为，不要逆市操作，如果你无法确定趋势，就不要入市买卖。分红、股价的高低、摊平成本等，都不是入市的好理由。

江恩还曾说过，在你投资之前请先细心研究市场，因为你可能会做出与市场完全相反的错误的买卖决定；同时你必须学会如何去处理这些错误。一个成功的投资者并不是不犯错误，因为面对千变万化、捉摸不定的市场，任何一个人都可能犯错误，甚至是严重的错误。但成功的关键是投资者懂得如何去处理自己的错误，不使其继续扩大。而失败者因犹豫不决、优柔寡断，常会让错误继续发展下去，从而造成更大的损失。

江恩认为，造成投资失败的原因主要有三个。

1. 在有限的资本上过度买卖

也就是说操作过分频繁。在市场中进行短线和超短线操作是要求有很高的技巧的，在没有掌握这些操作技巧之前，投资者过分强调做短线常会导致不小的损失。江恩告诫，每一次买卖不要总是全仓进出。其实这并不算特别重要，最重要的是当你在市场中投机而不是投资时，不过度交易才显得重要。买卖过于频繁是导致投资失败的致命伤。

2. 设立止损点以控制损失

很多投资者遭受巨大损失就是因为没有设置合适的止损点，结果任其错误无限发展，损失会越来越大。因此学会设置止损点以控制风险是投资者必须学会的基本功之一。还有一些投资者，甚至是一些市场老手，虽然设了止损点，但在实际操作中并不坚决执行，结果因一念之差，遭受巨大损失。江恩建议止损点设在买入价之下的3%～5%。考虑到中国股市波动幅度比较大，投资者可以适放宽止损点的范围，例如设为买入价之下的5%～10%。

3. 缺乏市场知识

这是在股票市场中导致损失的最重要原因。一些投资者并不注重学习股票市场知识，而是想当然地办事或主观认为股票市场如何。他们不会辨别消息的真伪，结果常常会受到误导，遭受巨大的损失。还有一些投资者仅凭一些书本上学来的知识来指导实践，不加区别地套用，结果也造成巨大的损失。江恩强调，投资者的市场知识和实践经验同样重要。而这些市场的知识往往要在市场中摸爬滚打相当长时间才能真正有所体会。江恩要求投资者应当学会判断市场的趋势。

二、江恩理论的21条操盘法则

买卖规则重于预测，这就是江恩获胜的真正秘诀。他只遵守自己建立的买卖规则，他让预测服从买卖规则！预测正确、不违背其买卖规则，他照预测方向操作；预测不对时，他采用买卖规则（例如止损单）或修正预测，或干脆认错退出。

江恩有21条著名的股票操作买卖守则：

1. 每次入市买、卖，损失不应超过资金的十分之一。

2. 永远都设立止损位，减少买卖出错时可能造成的损失。

3. 永远不要过量买卖。

4. 永远不让所持股票转盈为亏。

5. 永远不逆市而为。市场趋势不明显时，宁可在场外观望。

6. 有怀疑，即平仓离场。入市时要坚决，犹豫不决时不要入市。

7. 只在活跃的市场买卖。买卖清淡时不宜操作。

8. 永不设定目标价位出入市，避免限价出入市，而只服从市场走势。

9. 如无适当理由，不将所持仓平盘，可用止赚位保障所得利润。

10. 在市场连战皆捷后，可将部分利润提取，以备急时之需。

11. 买股票切忌指望分红收息（赚市场差价第一）。

12. 买卖遭损失时，切忌赌徒式加码以谋求摊低成本。

13. 不要因为不耐烦而入市，也不要因为不耐烦而平仓。

14. 肯输不肯赢，切戒。赔多赚少的买卖不要做。

15. 入市时定下的止损位，不宜胡乱取消。

16. 做的多错的多，入市要等候机会，不宜买卖太密。

17. 做多做空自如，不应只做单边。

18. 不要因为价位太低而吸纳，也不要因为价位太高而沽空。

19. 永不对冲。

20. 尽量避免在不适当时搞金字塔加码。

21. 如无适当理由，避免胡乱更改所持股票的买卖策略。

从以上内容中，我们可以简单地发现，江恩理论的很多思想和大底回升模型的思想有雷同之处。所以任何正确的理论体系其实都是可以相互包容、相互转换的。大底回升模型对股票的选股过程会涉及到基本面部分的知识内容；而在买卖股票时，则借用了江恩理论的思想；在具体分析方法方面，更多地是运用了趋势理论和波浪理论。任何一个模型的问世都不可能是空中楼阁，需要有前人的已经证明是正确的理论依据作为支持。大底回升模型的很多思想和要领，都脱离不了本章介绍的四种经典理论。

第二章

股市操作中的心理学

本章提示

真正在股市实战操作中，除了要了解经典的理论基础知识之外，投资者还要学习树立良好的心态。因为随着股价的变化，特别是大起大落的时候，投资者肯定会在心理层面出现比较大的波动；不以涨喜不以跌悲，那是神仙或圣人才能有的状态。我们作为凡人，无法避免心理波动，但可以控制大喜大悲。只有在心理上真正了解了股市的本质，才能更从容地面对股市的潮起潮落。下面我们就从上升五浪和下跌五浪过程中来分析普通投资者的心理变化。

第一节　上升五浪的心理学

在上升五浪中，每一浪都会影响到我们的心理感受，而我们的情绪也会伴随着五浪的上涨而逐渐改变。

上升一浪

经过了一波大跌以后，许多投资者多次失败后忍痛割肉，变得越来越谨慎。在吸取了经验教训以后投资者形成了空头思维，对熊市下跌的恐慌记忆犹新，心有余悸，做事越来越小心。在行情上升初期，投资者对行情的上涨半信半疑，甚至在心理上仍然处于下跌行情时的恐慌之中，没有打算参与炒作。只观察不参与是其这段时间的基本投资策略，多数人会以拒绝参与的态度来看待第一波上涨行情。

回调二浪

第一波上涨行情能上涨多高不清楚，可能与以前的筹码密集区有关，也可能与技术阻力位有关。当行情在上涨以后开始回调时，投资者心里多少会感到一些安慰，庆幸自己没有被行情勾引进去；对那些上升一浪期间入市的人，他们有些幸灾乐祸。投资者总的感觉多是：面对前面的上涨行情有疑问，不看好，所以没有买入，也就避免了“上当受骗”，故心里乐滋滋的。当第二浪回调没有过新低时，投资者可能产生双底的感觉，但这时由于习惯性思维，他们仍然决定空仓等待，无所作为。

上升三浪

行情开始在二浪底部慢慢地盘升起来，但投资者心里仍然怀疑，甚至可能认为这是回调浪的反弹子浪，故仍然决定不参与。行情在不经意之间涨过了第一浪的顶点时，投资者突然发现K线形态耳目一新，形成了向上的突破形态。于是他们开始承认自己可能看错行情了。在行情向上突破以后，一路轰轰烈烈的快速上涨很容易让场外的人激动，眼睛一亮，立马进场空翻多。所以市场参与者多数会在第三浪中上升过第一浪顶点以后买入，都属于创新高买入法，或者称为追涨趋势买入法。买入以后行情继续大幅上扬，投资者心里就会美滋滋的，情绪比较高涨。伴随着行情的上涨，浮动利润越来越多以后，投资者对未来行情也充满了信心。这时，他们的心情越来越放松，越来越看好后市，在不知不觉中从空头思维也转变成了多头思维。每一次行情上涨，每唱一次多头行情，他们都会强化一下多头思维。慢慢地，他们变得自我膨胀，信心也高涨起来。

回调四浪

在行情冲高回落时，由于处在盈利状态下，投资者一般不会恐慌，心理比较稳定。所以第四浪回调时一般不会造成恐慌，投资者持股比较稳健，深幅下跌意义不大，多数情况下以长时间的整理来消耗持股者的意志。在这个时期看多的人仍然占据着投资者的大多数比例。

上升五浪

经过第四浪的宽幅整理以后，行情又开始向上突破上涨。由于第三浪进场的人都持股盈利，心情比较愉快，一路高歌的行情，让他们完全沉浸在欢乐的海洋之中，忘记了风险，丢掉了风险意识。他们心里只想着一件事件：相信行情会上涨到某某点，计算出自己能赚多少钱。这时候的投资者比较容易陷入成为富翁的梦境。

第二节　下跌五浪的心理学

在人们欢呼时，整个市场进入了热烈期，却没想到一片大好的行情会在大家最高兴的时候谢幕。所以，如果当自己对未来的行情充满信心时，当市场上绝大多数参与者都激情满怀地看好后市时，多半行情已经走到了尽头。在上升五浪中，人们最兴奋，情绪最高涨，而这时我们反而要有一颗安定的心，要有风险意识，不要忘记欢呼背后的风险。

下跌一浪

下跌一浪多半在大家看好后市时毫无征兆地发生。开始时人们认为只是短线回调，故大多持股不动，不愿意平仓出来。因为大家都在想，未来可能有更大的行情，现在平仓不合算。随着行情的下跌，盈利面变得越来越小，有些人已经开始亏损了。但市场上多头气氛仍然浓厚，大多数人仍然认为牛市还没有完。尽管这样，行情的下跌必然会让盈利减少，亏损增大，所以人们的心理压力会越来越大。有部分人在心理承受不了时只好出来，多半这类人要割肉在地板价上。

反弹二浪

当人们在下跌二浪中承受不了时，下跌幅度应该已经比较大了，所以才导致市场中一部分人承受不了割肉出来了。也许是巧合，这样的事情经常发生：在最后承受不了只好选择平仓出场的人，最容易割肉在地板价上。所以，如果你在第一下跌浪开始时没有出来，可选择在反弹行情出现以后再出来。因为当你承受不了第一浪下跌时，多半行情就要开始反弹了。

作者认为，面对下跌行情最好主动撤退，不要让行情逼着我们撤退。因为被动性撤退很容易出错，踏空反弹行情。最好的做法是，当行情开始下跌时，可以在上一波上涨行情通道上画一条通道支撑线，行情一旦跌破了通道支撑线就可以选择主动性止赢，不必等到心理上承受不了时才考虑平仓出逃。

在第一波深度下跌里，一旦涌出了被动性的割肉盘，反弹行情才可能开始。随着反弹的进行，人们的心理压力有所减轻，但看到下跌幅度已经比较大了时，才会开始后悔为什么不第一时间出来。随着反弹的进行，反弹的能量和力度越来越小，越来越弱，持股者又开始处于矛盾和焦虑之中。看行情好像反弹高度已经差不多了，再继续上涨已经不容易，是平仓还是持股？这是摆在每位持股人面前的选择难题。如果持股者已经解套，或者仍然处于盈利状态下，他会很轻松地选择平仓了结。而对于多数已经被套牢的股民来说，他们打心眼里不想平仓，至少不太乐意平仓走人，还想再看一看，再望一望，再等一等，看行情是否还有继续上涨的希望。正是在这个时候，操盘风险越积越大，是风险最高的时候之一。

作者有一个经验，当行情上涨不了的时候必然会下跌，千万不能再有幻想。炒股时有了幻想，就很容易造成不必要的亏损。

下跌三浪

正当人们犹豫不决时，行情开始慢慢地向下盘过MA线，使K线落在MA线之下。这时行情正在做跳水以前的准备动作。如果你看到了这样的走势，一定不能再犹豫了，第一时间出来，才能逃脱大跌和巨大的亏损。行情常常会以跳水的方式向下猛烈突破，让犹豫不决的人目瞪口呆，不知道怎么办。他们一边观察一边后悔一边感叹，就这样在行情的快速下跌中束手无策，眼睁睁地看着行情跳水，似乎完全失去了行动能力。

当行情终于再次深幅下跌以后，又迎来了一个企稳整理平台，这才让持股者喘了一口气。持股者开始感叹，第一波下跌时没有出来可惜，第二波反弹时没有出来也可惜，现在再次深幅大跌出逃更可惜。行情越跌越惨烈，亏损越来越严重，心理压力越来越大，恨不得想跳楼自杀。于是看着K线图越来越后悔，又拍桌子又锤墙，责问自己为什么当初不出来。还有人发誓赌咒下次大跌时一定不能恋战，要第一时间出来……

整理四浪

经过了“下跌三浪”的快速深幅下跌以后，K线远离了MA线，行情通常会出现横盘整理，等待MA线下来。在这个期间，形成了整理四浪。

在整理四浪时，行情波动通常会比较小，既不大幅反弹上扬，又没有明显的下跌，行情多在比较窄的区间里震荡。经历了下跌三浪的股民已经亏损非常严重，心理承受能力到了极限，并且已经被迫“痛改前非”，决定只要下跌一定第一时间平仓出来。

当行情经过了一段时间的整理以后，MA线下来了，行情在MA线的压力之下开始再次盘跌，形成了下跌五浪。

下跌五浪

当行情盘过整理四浪的平台时，行情又会再来一次大跌。这时已经经历过风浪的投资者吸取了过去的经验教训，再也不会错过反手做空割肉的机会。于是在行情的跳水中，投资者闭着眼睛平仓出来。虽然心里很痛，但也没有办法，毕竟长痛不如短痛，少亏比什么都好。当他们面对严重的亏损不得不闭上眼睛割肉后，长期的心理压抑终于解除了，他们也在心中直叫解放了、解放了。可是当他们睁开眼睛时，又傻眼了。因为行情开始了反弹，而且一飞冲天不回头，他们把肉割在地板价上了……就这样，行情进入了下一个循环，一波牛市行情又开始了。

上面关于上升五浪和下跌五浪的市场心理分析对大多数投资者都适用，只是在每一浪中的感受程度不同罢了。随着行情的涨跌变化，投资者的心理也在变化，情绪也在变化，状态也在变化，信心也在变化。不管是我们、你们还是他们，大家的大致心理其实都差不多，表现也几乎没有什么大的差别。我们的投资情绪因市场行情而变，在盘中和盘后的感觉肯定不一样。当行情走过以后，每一位股民其实都可以成为股评专家。

在实战中，由于心理的压力，我们可能会失去理智，会情绪失控，智商降到最低点。所以，在行情中我们容易犯一些低级错误，而在盘后这类错误可能很少出现。

上面的心理描述虽然没有说行情的时间周期，但在周K线、月K线上也是适用的。如果想更深一些体验其中的心理变化，可以通过做期货或者做股票的短线反弹，这会让你对行情涨跌如何影响参与者有更深的体味。

上面描写的心理变化可能只是一个主线，显得有些粗糙，但作者认为，每个人都很容易犯这些错误。到目前为止，作者也经常在无意中稍不留神被这些心理因素干扰，事后让自己后悔莫及。所以作者写下上升五浪和下跌五浪的心理演变，就是想再现市场的涨跌对我们参与者的心理影响，让我们更清醒、更准确地进行自我认知，并减少情绪化犯错的可能。情绪凌驾于理智之上是我们亏损的根本原因，而克服情绪化操作则是我们能够赚钱的心理基础。我们要把盈利建立在别人的错误基础之上，并提醒自己避免犯这些错误。所以，了解这些市场心理过程的演变，对我们的股票操作十分有好处。

简单地了解完四种股票经典理论和股市心理学之后，我们将正式进入对大底回升模型的介绍。

第三章

大底回升模型的七大元素

本章提示

之所以把大底回升模型介绍给大家，并且写成一本书和大家交流，最核心的目的就是让股民尤其是被套牢的股民，能够明智地进出股市，借助科学的方法，实现稳定的收益。

大底回升模型并非像某些深奥的股市技术一样高不可攀，更不是为了专业人士间的深度交流而提出的，它更多的是一种对赚钱模式的学习和思考。大底回升模型最大的亮点就在于它的有效、简单和可复制。很多股民学了很多炒股方法，但最后却不知道用哪一套了，因为这些方法都是独立存在的，有些甚至互相矛盾。许多股民在学习过程中遇到过以下问题：

1. 方法太多——学不会；

2. 每个方法都有道理——没法选；

3. 学会了，却不会用；

4. 方法中技术要领太多——把握不好。

这是股民在学习炒股方法中，最容易遇到的四个问题。针对这四个问题，大底回升模型用强大的理论体系，从最简单的知识点切入，借助全方位的广阔视野，提供了最有效的市场赚钱方法和赚钱逻辑。大底回升模型让炒股变得有章可循、有法可依，真正做到了理论与实践的完美结合。

大底回升模型包含以下七大元素：

1. 下跌

2. 上涨

3. 底部图形

4. 量能分析

5. 画线

6. 买卖点的设计

7. 风险管理

乍一看，读者可能觉得大底回升模型很复杂。怎么含有七大要素呢？太多了吧？这些要素每一样都很难掌握吧？就算能掌握，这个模型运用的时候肯定也很难吧？

有这些想法也很正常。但是当你看完本章内容之后就会发现：哦，原来这个模型很简单，学会了它，这么轻松就能赚钱啊！

第一节 元素一：下跌

对于下跌的理解，最核心的思想来源就是波浪理论。也许有投资者会问：为什么会是波浪理论？波浪理论很复杂，学习波浪理论的人都知道有个著名的说法：千人千浪。本书不教大家如何数浪，但是主张大家要有波浪理论的意识。请看图3和图4。

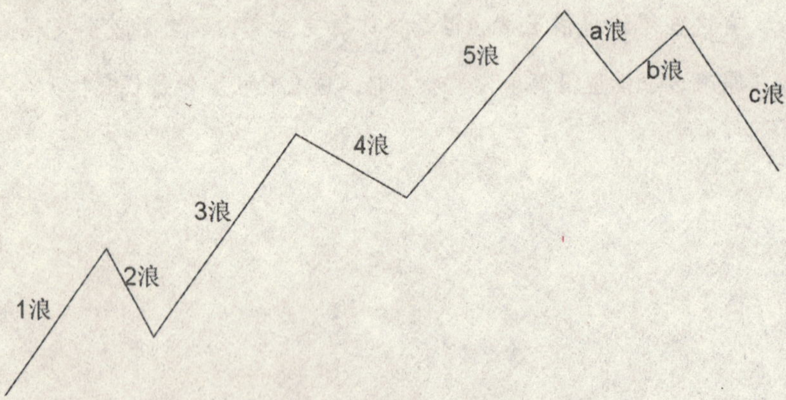

图3

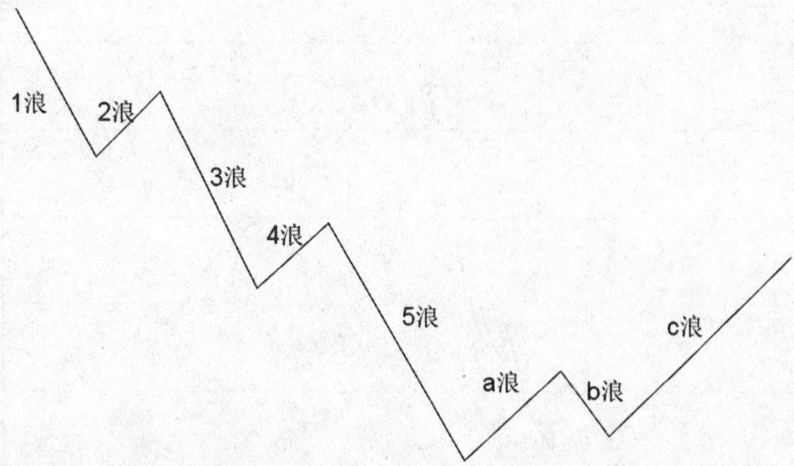

图4

图3和图4分别是牛、熊两种市场呈现出的波浪图形。波浪理论把市场分为推动浪和修正浪，在牛市中的格局是五个浪推动上涨，三个浪为下跌修正浪。熊市格局则是五个下跌浪，三个上涨修正浪。这是波浪的基础知识，同时这些基础知识也告诉我们，任何格局下都是上涨和下跌交替出现，所以下跌就是股价上涨最好的动力。

除了波浪理论，我们还可以从基本面和技术分析两个角度去理解下跌的重要性。

首先我们从基本面角度来看看。以大家耳熟能详的贵州茅台为例讲解。请看图5。

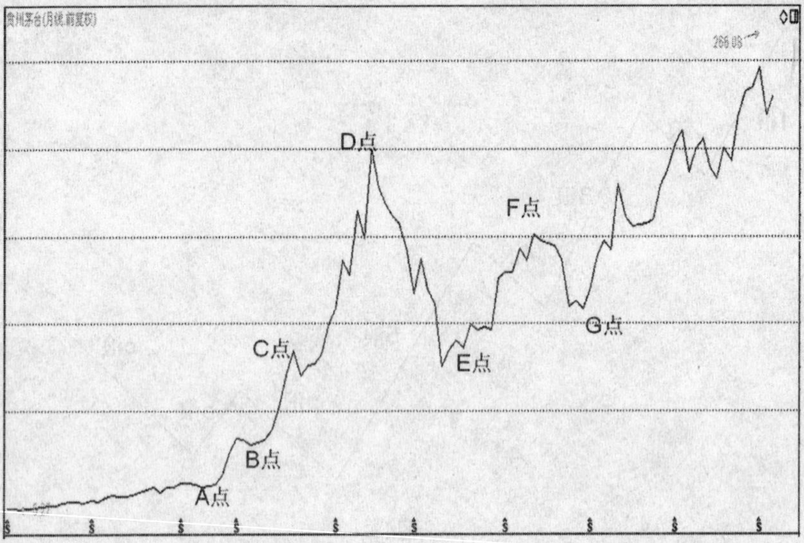

图5

图5是贵州茅台的月线收盘价图。从价值投资角度来讲，贵州茅台的任何价格都是对的，因为它在市场上有定价权，又有一定的垄断地位。这比较符合我们前面讲到的可进行价值投资的公司的条件。可是在真正买点出现的时候，我们会发现，只有A、B、E、G点的买点才是最好的，因为在这些位置买到股票，你的信心才会是充足的。特别是对大部分对价值投资一知半解的投资者来讲，买在D点，然后割肉，会从此痛恨这只股票，并最终以投资失败而告终。这种场景数不胜数。

大家不是没有买过牛股，而是通常骑不住牛股，究其原因，主要有两点：

一是对股票的基本面信心不足，真正的大趋势没有把握好，稍微出现大一点的震荡就被庄家洗出去了，赚了点小钱就跑了。

二是对股票原本很看好，但一买就被套，然后信心开始动摇，最终放弃，割肉出局。这其实是对买点没有把握好，买在庄家需要洗盘的位置了。

所以下跌是庄家清洗浮筹最好的方法，也是给基本面投资者重新介入的好时机。按照基本面的投资者思想，价格围绕价值波动，所以我们需要在价格低于价值的时候买入才能获得利润，而股价下跌是达到这一目的最好方式。

其次，我们再来看看趋势投资者的思维逻辑及赚钱模式。请看图6。

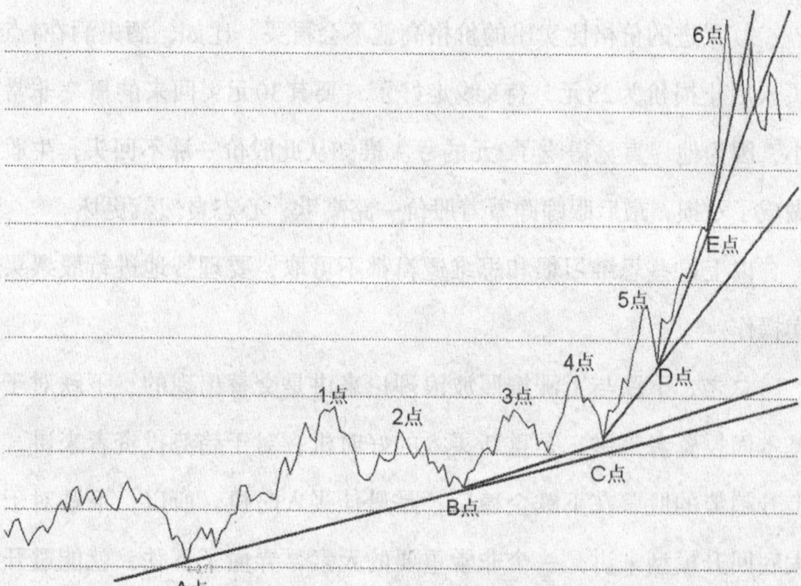

图6

图6是酒鬼酒的周K线收盘价图。画的线为其趋势线，按照趋势跟踪法，AB连线、BC连线、CD连线、DE连线是股价在不同阶段的运行趋势。在这些点位附近买进股票，投资者的持股信心或者说骑住黑马股票的信心就会非常强大。假如在1点、2点、3点、4点、5点、6点这些位置买入，最害怕的就是持股者信心动摇，与其止损原则发生冲突。假设在1点买入，持股者设计的止损空间为10%，则当股价跌破10%时，原则上必须止损，但是止损后要持股者再买的可能性就变得很小了。

中国股民在股票操作时常有几个错误的思维习惯：

1. 卖出后的股票喜欢再看，跌了暗自庆幸，涨了就会无限后悔，甚至动摇其止盈和止损原则。

2. 买进的价格比卖出的价格高就不会再买。比如，酒鬼酒在1点买入后止损价为28元，待K线走好了，要其30元买回来的概率非常小，因为他一直觉得吃了2元的亏。谁知从此股价一涨不回头，牛股做成了亏损，最后眼睁睁看着股价一路高歌，心态自然就更坏。

以上这些思维习惯和思维逻辑都不可取，要理智地进行股票买卖操作。

总之，下跌与上涨按照波浪理论来讲是交替出现的。下跌对于基本面投资者来讲，是重新买入的好时机；对于趋势投资者来讲，上升趋势的股票在下跌企稳后，是最佳买入时机。所以，下跌对于大底回升模型来讲是一个非常重要的元素，弄懂了下跌，就能避开大幅度追高股价的风险，也能最大程度上保证资金安全。

第二节　元素二、三：上涨和底部图形

之所以把上涨也当作大底回升重要的一个元素，原因在于中国股市只能做多，不能做空。而上涨对于大底回升模型来讲是阻止股价下跌的最直接表现，所以一定要有上涨这个动作。

这个动作的出现，从趋势理论上来讲，就是为了确认起涨点。待第二个低点出来之后上涨趋势线就好画出来了，因为在只能做多的A股市场里面，顺势而为很重要，所以必须要用上涨空间来换取安全性，同时对上涨阶段的量能必须是放大的。所以上涨的作用对于大底回升模型来讲，就是用来确认起涨点，然后选择时机进场。

简单地说了上涨，我们再来说说底部图形。这两个是一个连接体，是不可分开的组合。首先我们来简单了解一下几个经典的底部形态图，请看图7。

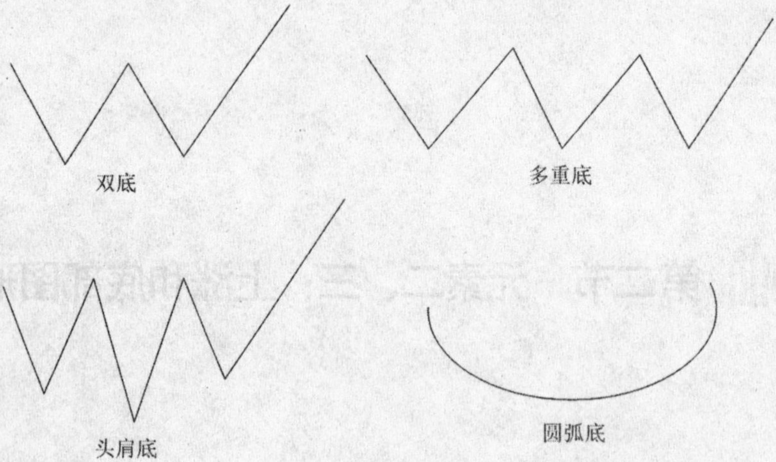

图7

图7中的这几种底部图形对量能是有严格要求的。

双底：右边的底部量能要大于左边的底部量能。

多重底：最右边的一个底部量能不能是最小的。

头肩底：和多重底相似度较高，也是要求最右边的底部量能不能是最小的。

圆弧底：圆弧底右边的底部量能要求比左边底部量能温和放大。

以上四个经典底部形态图一般都要求右边量能大于左边量能，这一点主要是从背离角度考虑。因为量价背离，代表有资金偷偷进场，试图改变市场趋势，从而带来新的上涨动能。这一点是本书要讲述的一个重点，因为大底回升模型要求实战投资者在运用过程中要不断地分析量能及量能背后的含义。

下面我们把下跌、上涨和底部图形三个要素连接起来描述，同时带上三个过程的量能分析。请看图8。

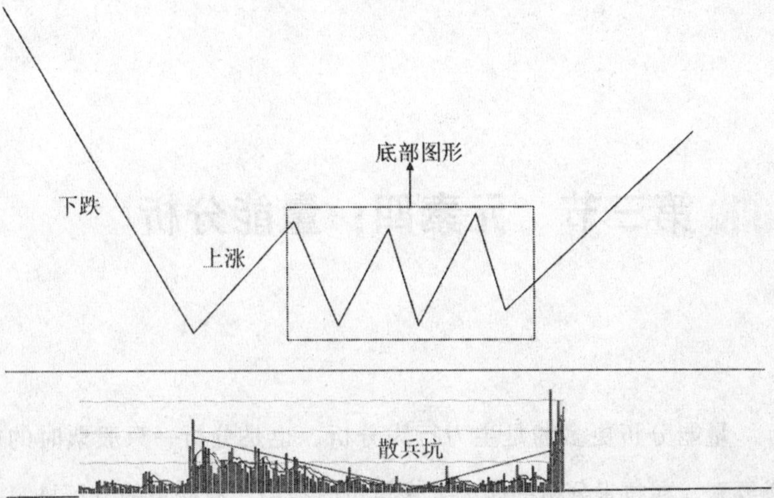

图8

散兵坑是描述量能变化的一个专业词语，指的是量能变化两边高、中间低的含义。一般出现了散兵坑之后，估计都能进行一定幅度的上攻。在大底回升模型的上涨和底部形态做完之后，一定要留下散兵坑，否则不能纳入大底回升模型。关于更多散兵坑和量能的解释，请看下一节。

第三节 元素四：量能分析

量能分析更多的是主力行为分析，也是分析一只股票时的核心要素。在技术分析的四大要素量价时空中，成交量的分析排第一位。所以关于量能的理解及量能的分析就是本节内容的重点。

成交量的基本含义是单位时间内股票交易数量的多少。

成交量的来源是多空双方对股票价格产生的分歧。只有市场有了分歧之后，才会有成交量。

下面着重谈一下几种常见量价的表现。

下跌放量

当股价经过一波较大幅度的上涨，出现下跌放量时，此时的下跌放量比较危险。放量代表市场分歧增大，下跌代表空方取胜。而股价前期又有一波上涨，往后，股价会出现一波一波的回调。

当股价经过长时间下跌后，出现突然的下跌放量，这个时候往往代表有人试图阻止这个位置的下跌，随后一般会伴随一波上涨，详见图9。

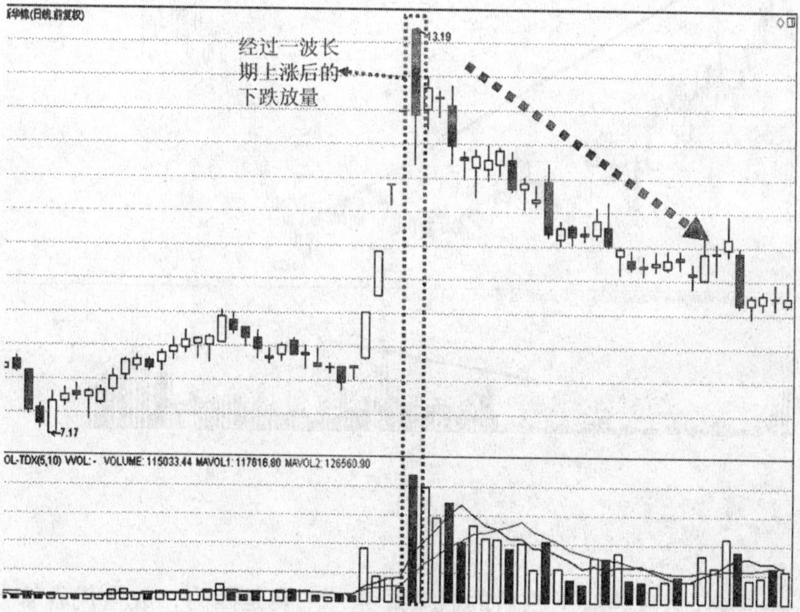

图9

图9是连续上涨后的突然放大量的下跌。这种情况的出现，一方面表明多头和空头分歧很严重，另一方面，成交量的急剧放大说明多头力量的耗尽，空头力量的反扑。这个时候的回调就变成一种常态。

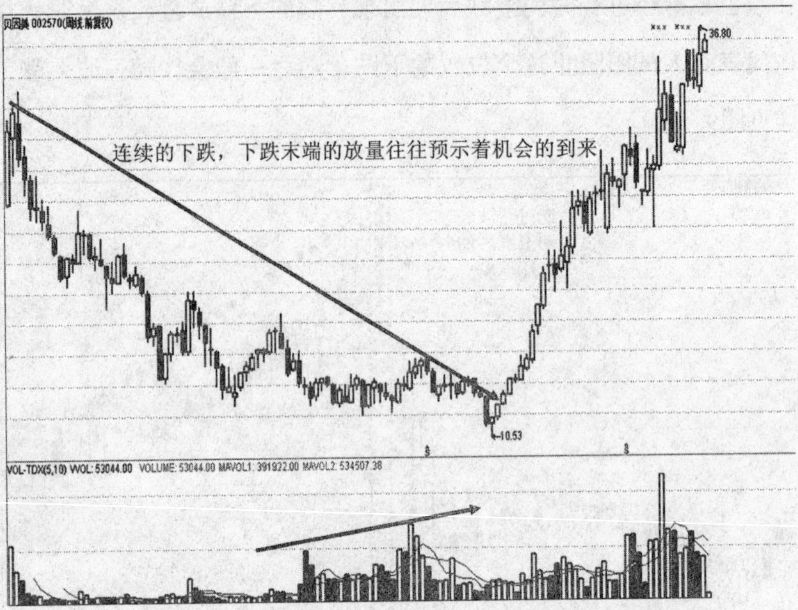

图10

为什么说连续下跌后的放量好呢？主要是因为，放量代表有分歧，而分歧的发生就是，空头经过长时间的消耗，有人觉得再下跌不合理，所以就阻止其下跌，成交量就放大。随后，股价都能进行一定幅度的上涨。具体见图10。

上涨放量

上涨放量在量价配合中是一种比较健康的运行方式。一般在突破箱体上沿、前期高点、下降趋势线、上升通道线的时候，上涨需要放量。

而在正常的上涨过程中，突然间放大量，这个时候应该要小心。上涨过程中，需要放量时候放量是好事，一般需要放量的地方就是突破压力位。当没有压力的上涨过程中，突然放大量，则要当心阶段性头部的构造。请看图11。

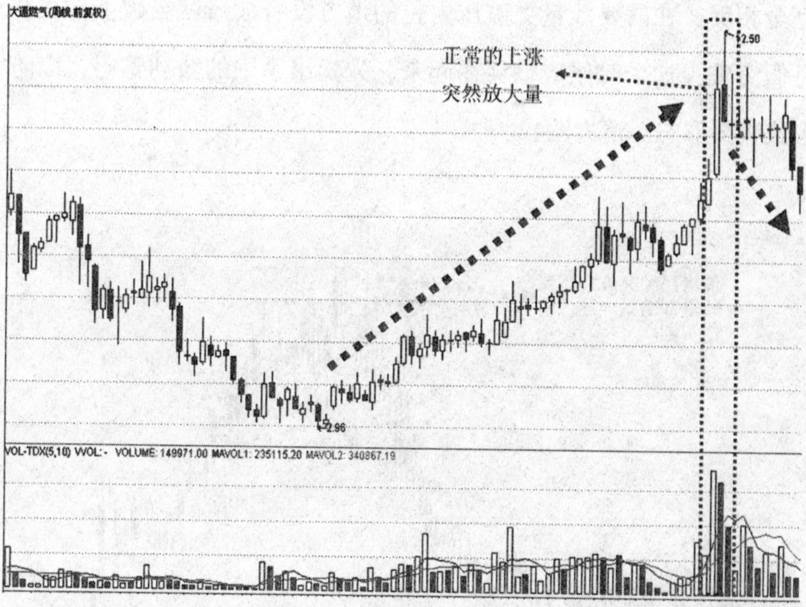

图11

上涨过程中，在没有遇到压力位的情况下，突然放大量，这个时候应该格外小心，一般情况下就会出现“天量见天价”的情况。所以量价配合最好的情况就是：该放量的时候放量。突破位不放量容易出现假突破。反之，不该放量的时候放天量，一般会出现“天量见天价”的情况。

上涨缩量

上涨缩量和上涨放量是完全相反的两个概念，在运用中也可以完全相反。在需要放量突破压力位的地方没有放量就突破了，往往是假突破。这个时候应该警惕起来，先卖出手中的获利筹码，以防形成头部形态。请看图12。

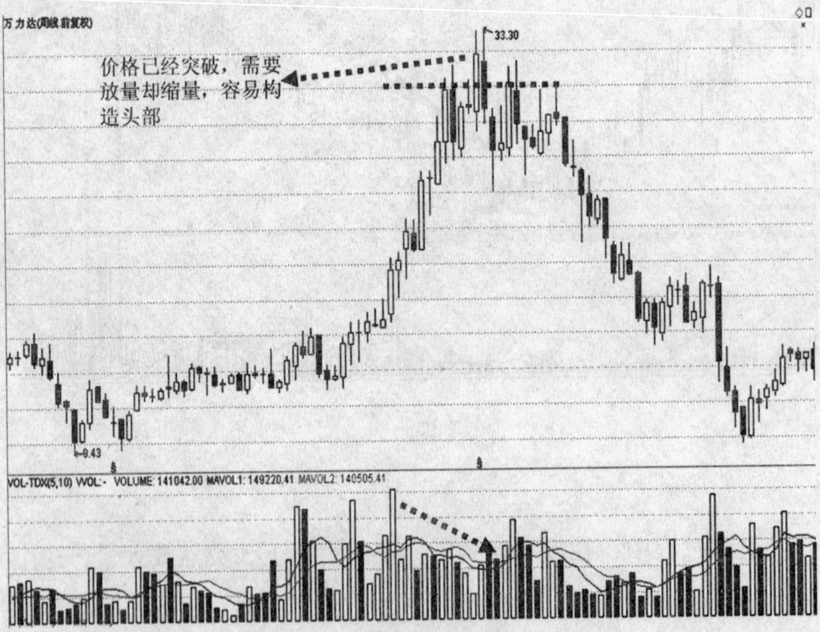

图12

通过图12我们很明显地发现，当股价创新高时，量能并没有明显放大，反而出现比较明显的缩量。最为关键的是，在突破时，量能没有明显放大，反而明显缩量，所以就构造了一个大级别头部。这里的难点是：突破的时候必须放量过前高，有效站稳前高后，量能是可以萎缩的。

下跌缩量

这是大底回升模型选股时候的量能的切入点，也是我们研究量能最有价值的地方。听过作者讲课的投资者就会明白：庄家可以对倒制造放量的假象，但是无法控制缩量。缩量是市场最真实的行为。下降趋势的缩量，表明市场没有人愿意阻止趋势的下跌，所以缩量之后还会跌。而在上涨趋势的缩量表明市场惜售，同时也表明市场浮筹很少。庄家清洗浮筹结束之后，往往就会伴随股价的上涨。我们致力研究在上升趋势中的缩量。而缩量一定是相对的，所以我们又要提起一个概念：散兵坑，即放量+缩量+放量=散兵坑。在上升趋势或者大底回升模型中，散兵坑的出现一般就是机会的出现。请看图13。

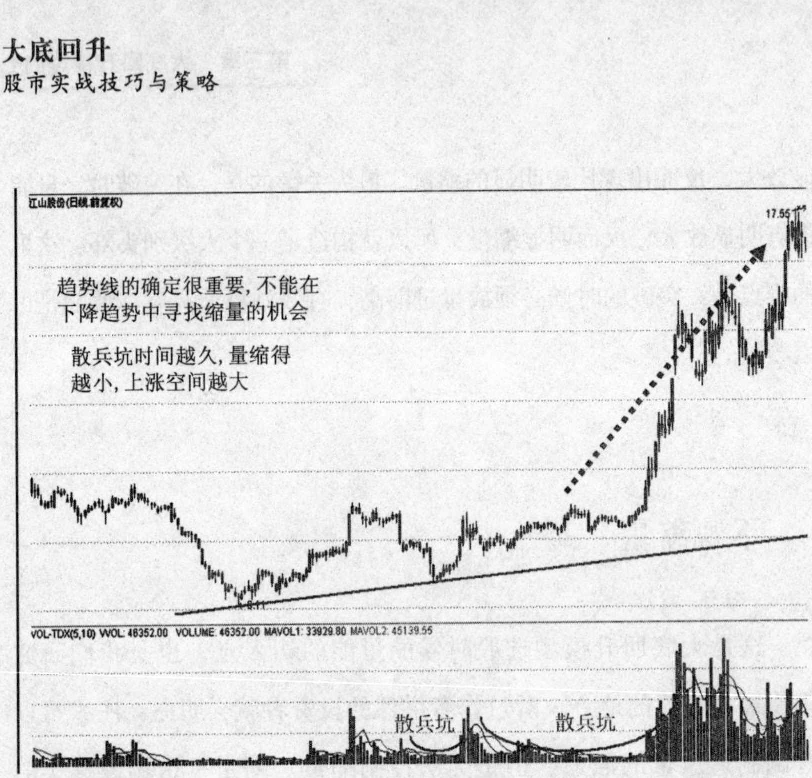

图13

本节最后，我们对大底回升模型再做一次量能的分析。

量能的分析主要是研究以下几个方面的内容：

1. 有没有主力在运作一只股票。

2. 主力拿了多少筹码。

3. 市场上浮筹还多不多。

4. 分析股价波动背后的目的，比如主力是拉升启动、下跌启动、诱空、诱多、洗盘还是出货等。请看图14。

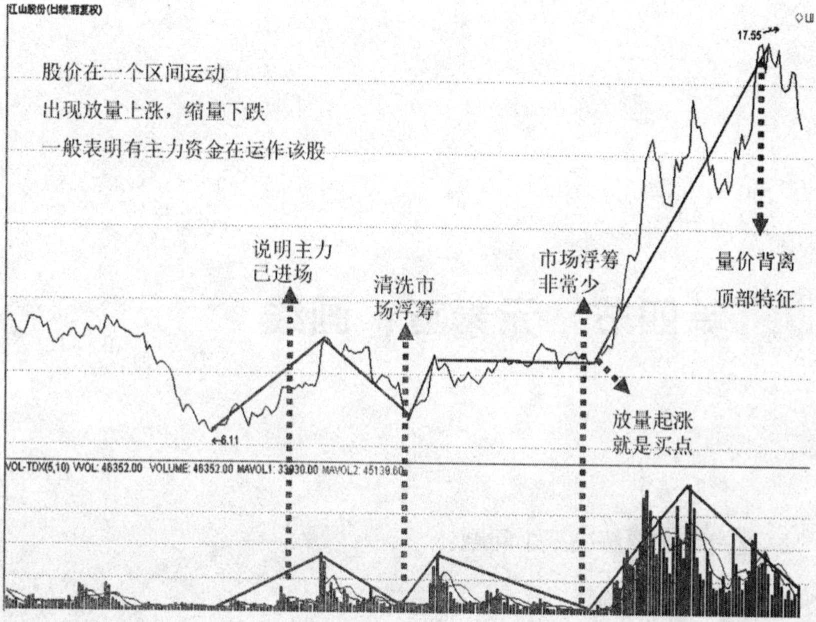
股价在一个区间运动
出现放量上涨，缩量下跌
一般表明有主力资金在运作该股
17.55
说明主力已进场
清洗市场浮筹
市场浮筹非常少
量价背离
顶部特征
放量起涨就是买点
6.11
VOL-TDX(5,10) VVOL: 46352.00 VOLUME: 46352.00 MAVOL1: 33930.00 MAVOL2: 45139.60

图14

第四节　元素五：画线

这一节主要解决三个问题：

1. 为什么要画线。

2. 如何画线。

3. 画线之后的指导意义。

为什么要画线

稍微有一点市场经验的投资者都听过“顺势而为”这个词语。可是在真正的操作过程中很多投资者会问，我怎么知道现在是上涨趋势还是下跌趋势？就算是下跌趋势，随着股价的运动，下跌趋势也可能能变成上涨趋势，所以无条件尊重市场、顺势而为只是一句空话吧？因为普通投资者很难分清趋势，更分不清不同周期级别的趋势。

在不同级别的K线图上画线就是为了帮助大家认清趋势。K线图中有线，你对趋势就自然一目了然。即，让你画线是为了看清趋势，而让你在不同周期上画线，是为了看清不同周期的趋势。

在学习如何画线之前有一个基本常识要和大家简单讲解一下，即市场趋势分为三种：上涨趋势、横盘趋势和下跌趋势。

上涨趋势

三个条件：①回调低点不断抬高；②高点不断抬高；③超过前期高点，量能有效放大。一般表现为上涨快、下跌慢。请看图15。

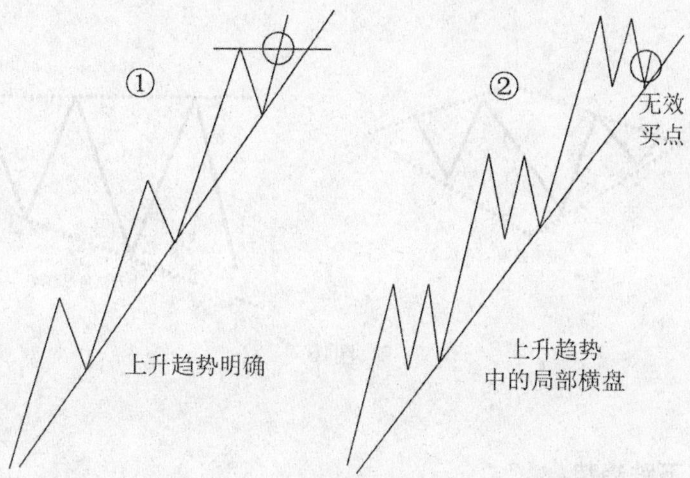

图15

横盘趋势

横盘趋势又叫横盘整理，一般是描述一只股票在一个价格区间内进行震荡，高点和低点均在一个区间内震荡。横盘趋势分为箱体整理、三角形整理、菱形整理及旗形整理。其中三角形整理又分为上升三角形整理和下降三角形整理。横盘趋势的表现特征为上涨和下跌速度大致相同。请看图16。

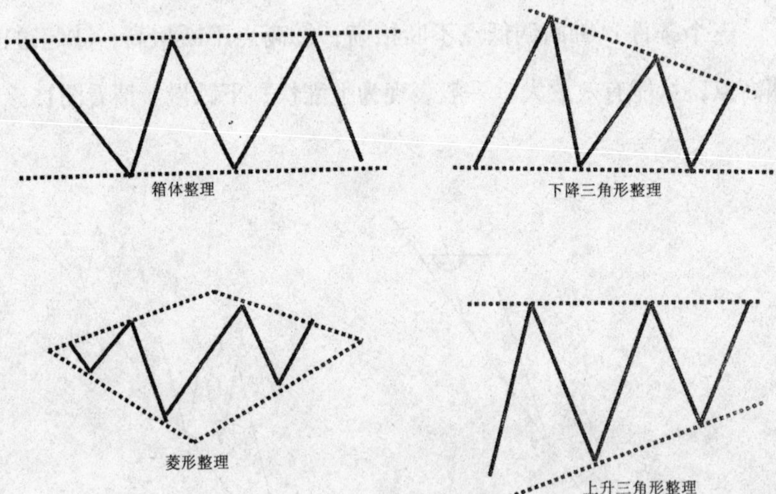

图16

下跌趋势

和上涨趋势完全相反的特征和条件。一般表现为：高点不断降低，低点不断下降；量能渐次萎缩；上涨慢下跌快。请看图17。

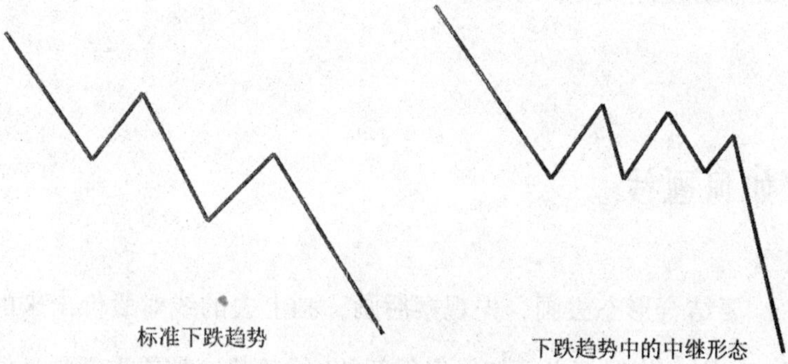

图17

多研究下跌趋势的股票，有助于提高大家的风险意识。在中国A股市场里面，投资者普遍具有一个特征，就是追求收益的热情非常高，而在树立下跌的风险意识方面存在不足，心中更多的是机会主义意识。不是因为在写本书的时候，市场行情不好，作者才强调风险意识，实际上，任何一个成熟的投资者都必须有风险意识。就算行情好，大幅度追高，缺乏风险意识的投资者也很可能只在牛市中赚小钱，买在上涨的末端。因为上涨的末端最容易吸引他们的眼球。可一旦行情转势，他们就很容易被套在次高点或者最高点，连逢高减仓的机会都没有。所以回避下降趋势的股票比赚钱来得更重要。而认清下降趋势，回避下降趋势，就成了投资者必学的一门课程。这让我想起一句股市谚语：股市中不是看你操作正确多少次，而是你没有做错多少次。

综上所述，画线有三个目的：

1. 弄清你的股票趋势。

2. 框定股价运动范围。

3. 辅助进行买卖点的设计。

如何画线

1. 要结合形态去画，先观察后画，画上去的线对股价未来的走势要有一定的指导意义。如果出现新的K线趋势，需要重新画，但是不要去掉前期已经画好的历史线。

2. 忽略小的波动，抓住大的趋势。所以画线最重要的原则是过多点，这也是画线的关键。

3. 趋势线的向上和向下突破一定需要量能的确认。

4. 同周期的趋势线指导同周期操作，不能用不同周期级别的趋势线指导同一周期的操作。当然如果遇到不同周期级别的趋势线共振的效果会更好。

5. 画线经过的交易日越多越稳定。也就是说趋势线越长、越稳定，指导意义越大。

案例学习

下图18是画线的几个简单的思维逻辑图。

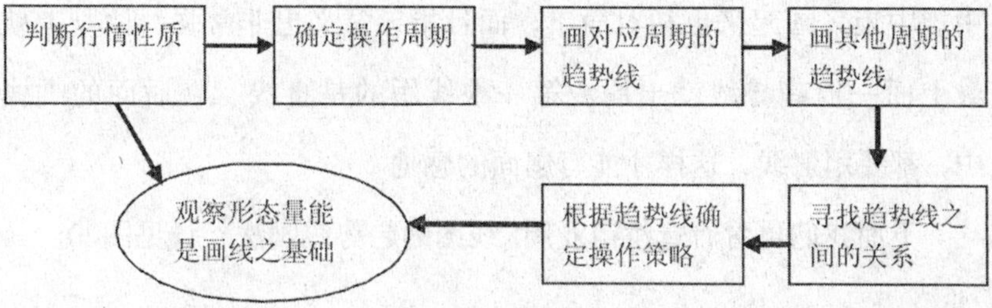

图18

根据以上指导思路，我们来分析一下图19到图23这几张图片趋势线的画法。

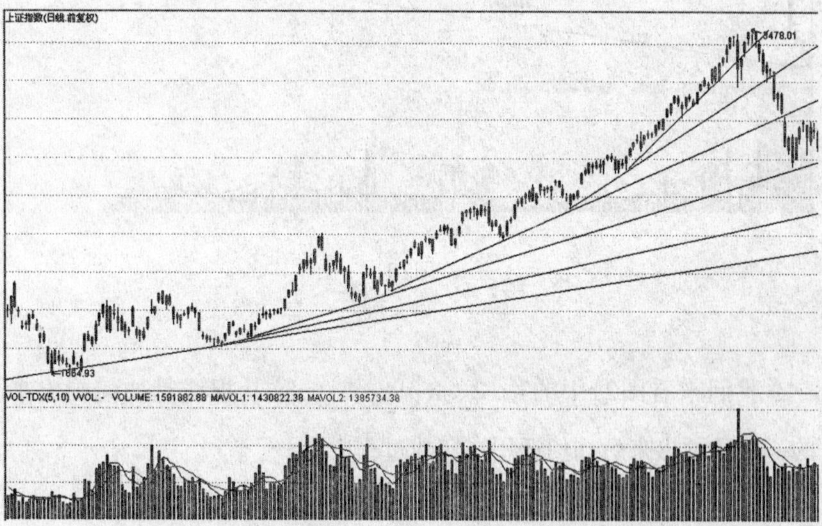

图19

图19是大盘1664点至3478点的趋势线。从图中可见，大盘走得中规中矩，画起来也相对简单，而且指导意义也非常强，原则上破最上面一根趋势线就出局。第一根线用的是直线，在后面的画线中，都要用射线，这样才能有扇面的感觉。

下面我们再看看壹桥苗业周K线图的趋势线画法，详见图20。

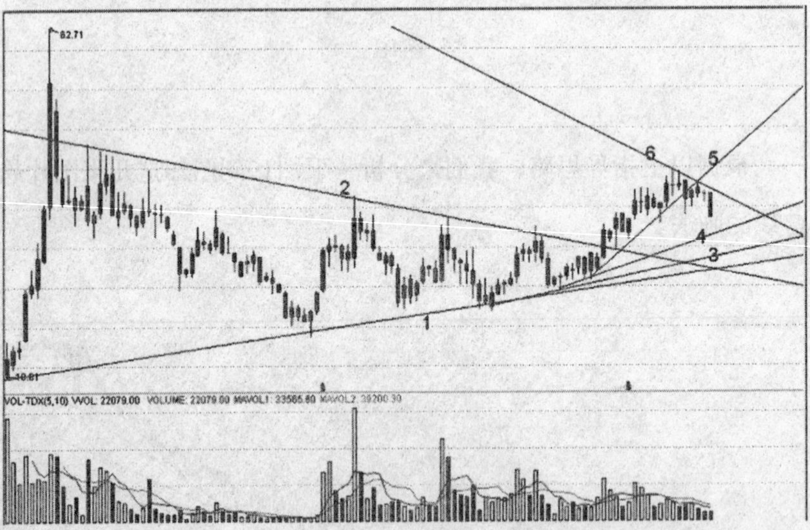

图20

我们来看图21中的1、2、3、4、5、6这几根线是如何画出来的，以及画出来后如何运用在实战过程中。

1线+2线组成了一个三角形整理结构，且股价在2/3处突破了三角形上轨。突破2线和回踩2线都是买入位。

1线+3线+4线+5线形成一个上升趋势，股价跌破5线的上升趋势线就应该卖出。

6线是下降趋势线，一但形成下降趋势，应出局观望，待企稳后再买入。

下面我们看看同一股票不同周期的趋势线画法，详见图21、22、23。

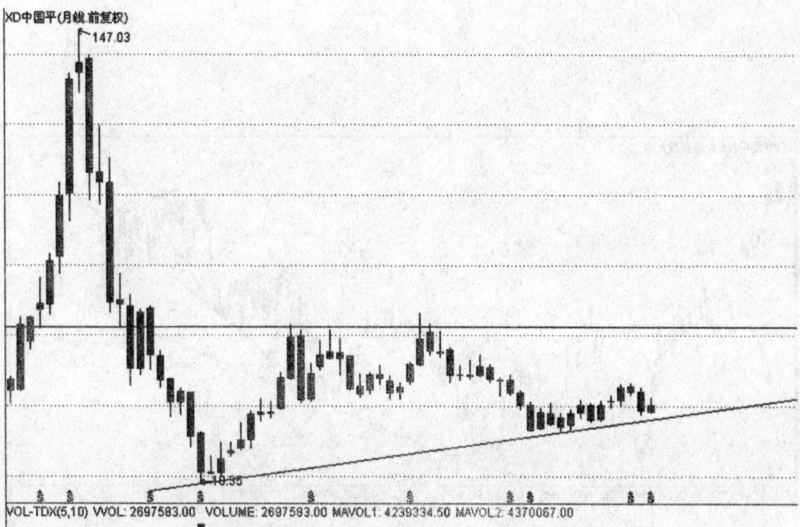

图21

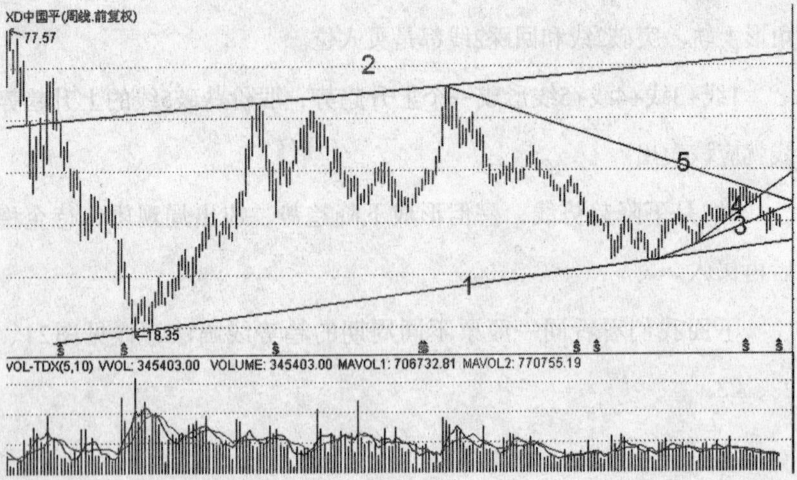
XD中国平(周线,前复权)
77.57
2
5
4
3
1
18.35
VOL-TDX(5,10) VVOL: 345403.00 VOLUME: 345403.00 MAVOL1: 706732.81 MAVOL2: 770755.19

图22

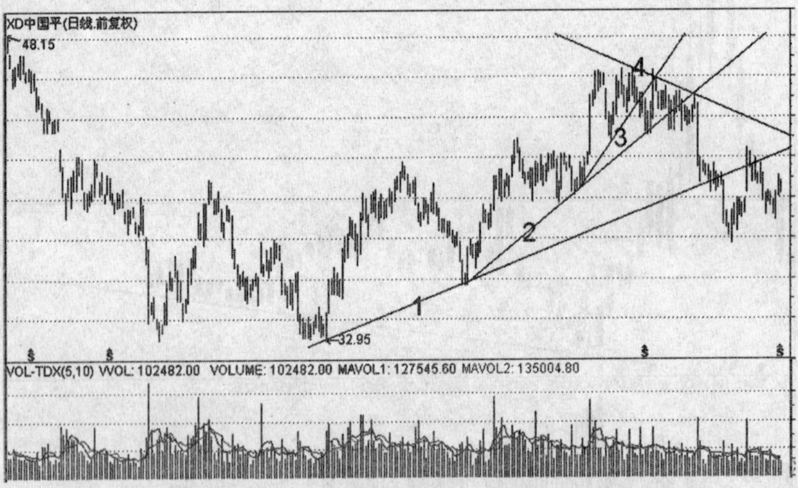
XD中国平(日线,前复权)
48.15
4
3
2
1
32.95
VOL-TDX(5,10) VVOL: 102482.00 VOLUME: 102482.00 MAVOL1: 127545.60 MAVOL2: 135004.80

图23

图21、22、23三张图片从上到下分别是中国平安的月线、周线、日线级别的图形。对这些趋势线的画法，我们可以从以下几个角度进行分析。

图21月线图

图21月线图上就两根线，我们可以看出，股价在走收敛性的整理结构。当前股价运行在月线级别的上升趋势线的附近，一旦跌破这个趋势，必须在月线级别止损出局，否则月线级别低点买入的继续持有。

图22周线图

图22周线图上1线+2线形成了标准的上升通道，当前股价继续运行在大的上升通道中。1线+3线+4线形成了股票的上升趋势角度线，按照趋势跟踪法，应在周线级别破4线卖出。5线一旦画出来，说明股价运行在下降趋势中，周线级别不可参与。

图23日线图

图23日线图上由于图片大小有限，只能画近期的趋势线供大家参考。1线+2线+3线形成了股票的上升趋势跟踪，按照趋势卖出法，应于破3线卖出。

4线一旦能画出来，代表股票进入日线级别的下降趋势中。

按照月线、周线和日线的表现，我们可以看出有两个地方发生了共振。

首先，从月线和周线的较长趋势线来看，中国平安的长期趋势依旧没有破坏，所以该股逢低还可以中长线介入。

其次，按照周线和日线级别共振来看，该股近期发生了一次转势，即由上升趋势转成下降趋势。而且周线级别的4线和日线级别的3线都已经反映出来了，时间上也大致共振。

再有，周线和日线级别近期都显示该股短期内将处于下跌趋势中。

所以中国平安的操作思路非常简单，中长期可以跟踪。在中长期趋势线没有破坏的前提下，待日线趋势一转好就可以短线介入。如果介入后持有一段时间周线趋势也转好，可以继续加仓。喜欢做中长线的投资者可以在中长期趋势线不破坏的情况下一直持有。

最后还有一点要说明的是，在画线时，有些图形的K线图不会画，或者画不出来，这时候要放弃，千万不能强行画线。在股票市场中，千万不能做自己掌握不了的事情，因为那意味着掌控不了的风险。

画线之后的指导意义

1. 对卖出的指导意义：严格按照画好的趋势线进行操作，破趋势线下轨卖出，遇到趋势线上轨无量不能突破也必须卖出。

2. 对买进的指导意义：遇到趋势线下轨，有企稳信号（一般从量能和K线组合寻找企稳的证据）可以买进。

关于趋势线的指导意义，我在这里有两点需要和大家进行补充。当股价离趋势线比较近，然后选择方向时，一般趋势会快速地延续，没有回抽确认动作。当股价离趋势线比较远选择了方向时，一般会回踩确认。这一点在趋势线的实战指导意义中非常重要。特别是贴着上升趋势线的破位，大家一定要立马卖出，否则会大幅度被套。请分别看图24和图25。

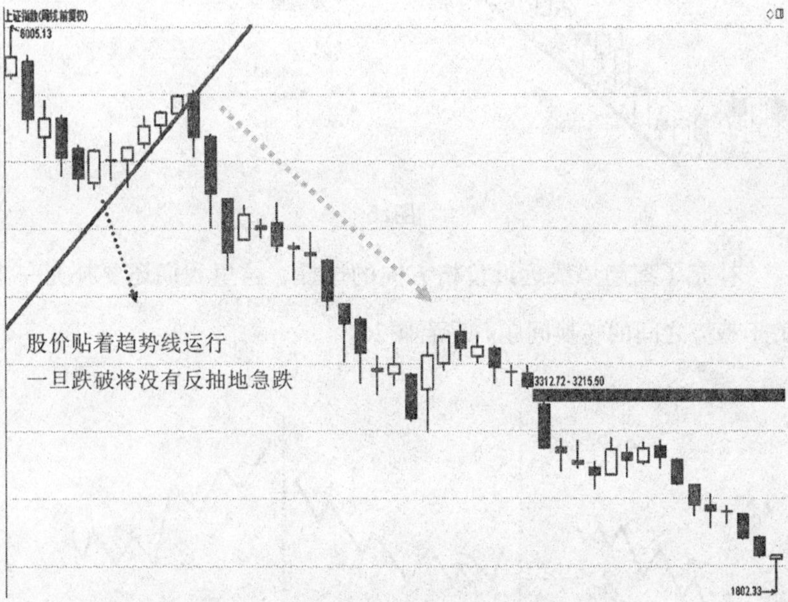

图24

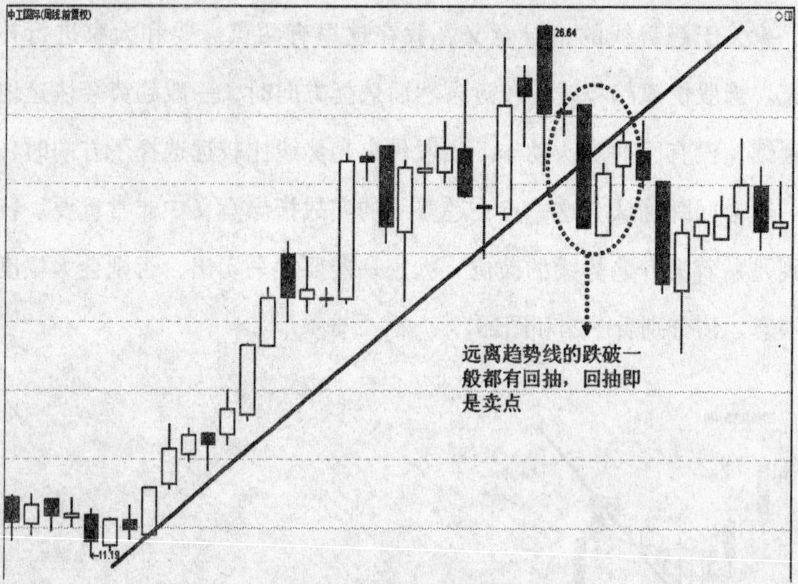

图25

补充了离趋势线远近价格方向的选择，这里我们还要补充一个关于趋势之间的转换问题。请看图26。

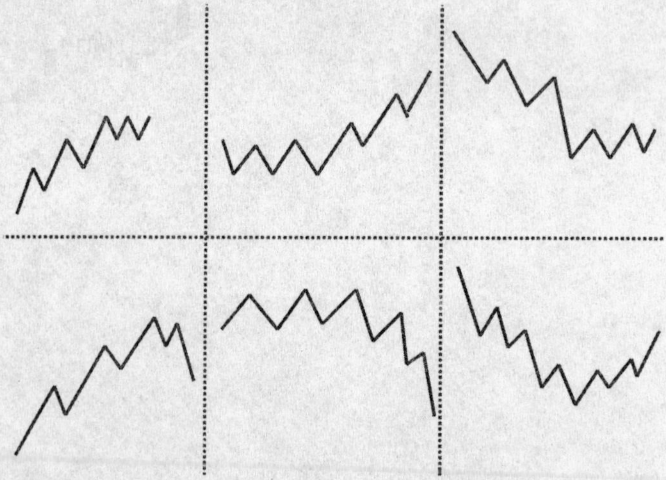

图26

每一种趋势结束之后都是连接另外两个趋势中的一种。当下跌趋势结束后，可能变成横盘趋势、也有可能变成上涨趋势。但是当平台趋势结束以后，一旦方向发生了选择，趋势的连续性会比较强。即平台选择向下一定要卖出股票，平台选择了上升趋势，一般连续性比较强。所以大底回升模型重点选股对象就是平台选择向上的股票，因为这种股票上升趋势的连续性比较强，切记。

这一小部分有两个重点，我们再来总结一下。

首先是趋势远近的破位，操作策略不一样。但是趋势破位必须卖出，否则趋势线画的就没意义了，顺势而为就变成了一句空话。

其次，横盘趋势（平台）对应的是确定下降或者上升趋势，一旦选择就是单向的，所以选择平台向上的股票进行操作，盈利的概率就大大提高。

这两点在大底回升模型中会经常用到，应牢记。

第五节　元素六：买卖点的设计

买卖点的设计是紧跟着趋势线画出来之后就要进行的一项基础性的工作。本节主要阐述的是画线出来后，怎么计算收益风险比。收益风险比的大小决定仓位的大小。具体的买点和卖点运用会有专门的章节进行讲解。

首先，我们看看什么叫收益风险比。

收益风险比=预期收益率÷预期止损率

根据公式可简单地得出一个结论：收益风险比等于1，说明风险和收益一样大。当收益风险比小于1时，显然风险大于收益。当收益风险比大于1时，收益大于风险。当然收益风险比越大，可用的仓位就越重。风险收益比小于1时，坚决不能操作。

其次，我们再来看看如何计算收益风险比，请看图27。

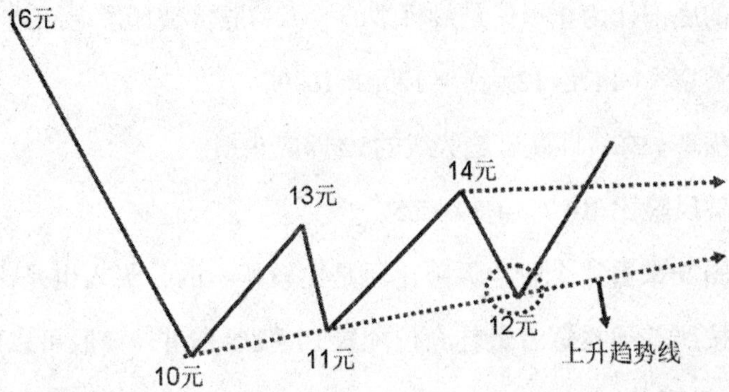

图27

计算收益风险比之前首先要确定止损位。

止损位的确定非常关键，一旦止损位设定过高会导致一止损股价就反转上攻，这样来回操作几次会让人信心崩溃，甚至开始怀疑要不要止损。这种思维一旦产生会非常可怕，因为它会影响到投资者止损的坚决性，导致在操作过程中，短线变中线、中线变长线、长线变贡献，遇到一波熊市就很难翻身。另一方面，止损位一旦过低，会导致不必要的亏损，大幅降低年化收益率。所以止损位的设置非常关键。而止损位的设置跟大家选择的股票形态有直接的联系，这一点会在以后的章节中做重点讲解。

先看一下上面图27中止损位的设置。

上升趋势线是第一止损位。一般跌破上升趋势线必须卖出。跌破上升趋势线的标准就是收盘价收在趋势线幅度3%以下。当上升趋势线不明显的时候，破前期低点11元就是止损位。因为上涨趋势的特征就是低点的不断抬高，所以在上升趋势不明显的时候，选择前期明显的底部作为止损位是最科学的。因为股价破坏了上涨趋势。

收益率=（14元-12元）÷12元≈16.7%

止损率=3%，即跌破趋势线的3%即应止损。

收益风险比=16.7%÷3%=5.57

从图26来看这个收益风险比还是比较科学的，买入也是比较合理的。按照普通投资者最佳仓位配置3个股票来讲，该股可以配置3至4成在里面。

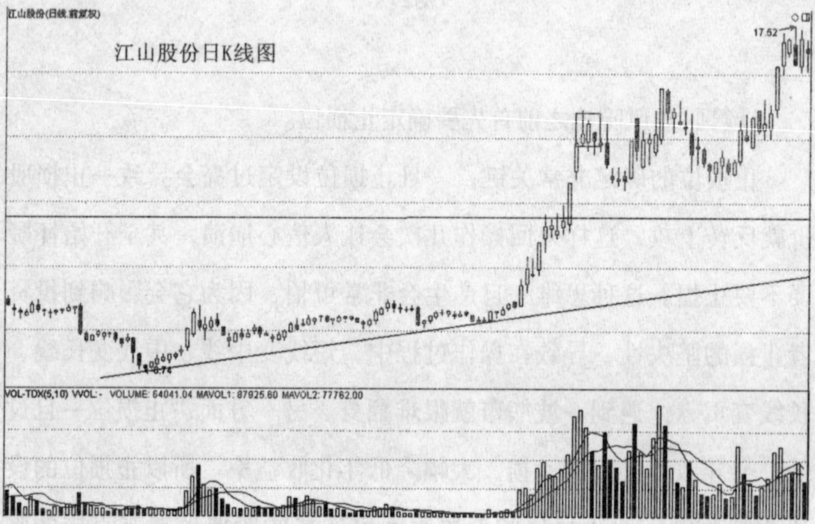

图28

看一下图28，大家想想这个股票的收益风险比如何计算，以及为什么要这样计算，要考虑哪些方面。算好了收益风险比，就基本上把买卖点设计好了，投资行为就成功了一半。所以一定要在操作之前计算收益风险比。此所谓“胜者先胜而后求战，败者先战而后求胜”。

经过刚才的思考，下面我们看看收益风险比到底如何计算，有哪些方面一定要考虑。要把有限的精力放在关键问题上，这样在股票分析过程中才能实现效率最大化。

周期、趋势和量能这三点，看周期是先看大再看小，做的时候依据小周期做，即看大做小。请看图29。

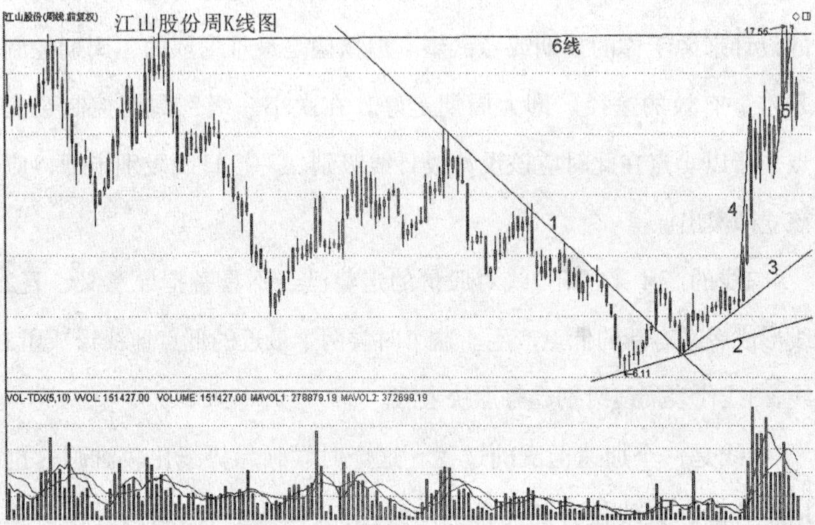

图29

图29是江山股份的周K线图，我们先来看看此图的线是如何画上去的，因为画线和量能分析在技术上是研究股票之根本。

画线应从左边画到右边，先观察再画，以过多点为原则。

1线描述股价在运行中呈下降趋势。此时根本不用设计买卖点，也用不着计算收益风险比。因为下降趋势一定不能做股票。一般就算行情非常惨淡，也依然有上升趋势的股票。实在找不到上升趋势的股票就宁可不做，千万不能强行买入。记住，安全、安全还是安全才是第一位的。

2线是两个低点形成后画出来的第一个上升趋势线。一旦上升趋势线画出来之后，就可以计算收益风险比。此时周期级别一旦走好，一般会在次级别即周期日线级别选择好的买点。这个时候卖点的设计非常关键。买点的设计来源于对形态和趋势的理解，而卖点的设计来源于你的预期或者欲望。但欲望是最难驾驭的，周期控制是唯一有效的途径。即大周期走好，在次小一级别周期控制买卖点。所以卖点在此时应该设计成日线级别。一旦日线级别走低，应该立即卖出。

3线的产生来源于2线对股价的走势已经不具备指导意义，且2线形成后又有新的低点产生。这个时候两个最近的低点连线形成了3线，3线代表周线级别趋势加快上涨。

4线是一个加速上涨的过程。这个时候画趋势线比较难画，也用不着画，直线拉升的品种的均线用5天均线或者5周均线作为趋势线最有用。重点提醒的是，直线拉升的股票就用对应周期的5MA即可。

直线拉升完的股票，在梅开二度时一般会留下下影线。沿着最近的两个下影线低点，就会形成新的上涨趋势线。这就是5线的画法。

6线主要是来自于前期两个高点的连线形成的压力线。往往运行至这根趋势线附近时，股价都会有所回落。这个地方的压力线一般需要放量突破才有效。没有放量突破，前期高点的突破一般都是假突破。

上面这6根趋势线是对江山股份周线的趋势线的跟踪画法。下面再来看同一时间段内江山股份60分钟线的K线图及趋势线的画法。请看图30。

图30

结合以上图28、29、30，我们就可以来计算江山股份的收益风险比了。此时估计大家还是一头雾水，因为大家并不知道该用哪一周期来进行计算。这里就涉及到大底回升模型中的舍得思想，即：舍弃小周期的波动，得到自己能得到的利润；舍弃把握股票的每一个高低点，得到一段属于自己的利润。在大底回升模型的收益风险比中，周线、日线、60分钟线的关系是这样处理的：

1. 周线上选股，并且画趋势线。

这样可以保证我们操作的股票中周线是趋势走好的，即该股票是顺势而为且顺的是周线级别的势。有一定经验的股民应该都比较清楚，周线级别的趋势最为牢靠。

2. 日线上寻找买点和卖点，计算收益风险比。

当周线级别走好后，如果用周线级别进行买卖点的把握会有点滞后。日线级别可以克服周线级别的滞后性弱点，同时比小时线以及更小级别的K线图稳定性更好，所以用日线级别进行实战的操作时既灵活又稳定。切记，日线级别只能用来操作；选股时日线级别差点厚重感，要用周线级别来补充这一点。

3. 60分钟线用来辅助日线级别更灵活地寻找买卖点。

当日线级别寻找买点时，一般60分钟级线的K线图下跌动能衰竭或者是60分钟级别K线图上出现买入信号的K线组合。同理，当日线级别达到卖点时，一般在60分钟的K线图上也会出现卖出信号的K线组合。60分钟线只是辅助投资者进行买卖点的把握，不可用来做选股和买卖点设计，因为它的稳定性偏差。

更小级别的K线图可以看，但是不建议用来指导操作。一是因为其时间太短，很难把握；二是舍得思想的要求——把周K线、日K线研究透就很不错了，所有周期都研究会得出矛盾的结论，让大家在股票操作过程中更加慌乱、更加无所适从。在慌乱中做的决定想不出错都难。

有了对时间周期的把握，我们在计算收益风险比时，只需要研究日线级别就可以。

请看图31，是通过日线对江山股份做的收益风险比。

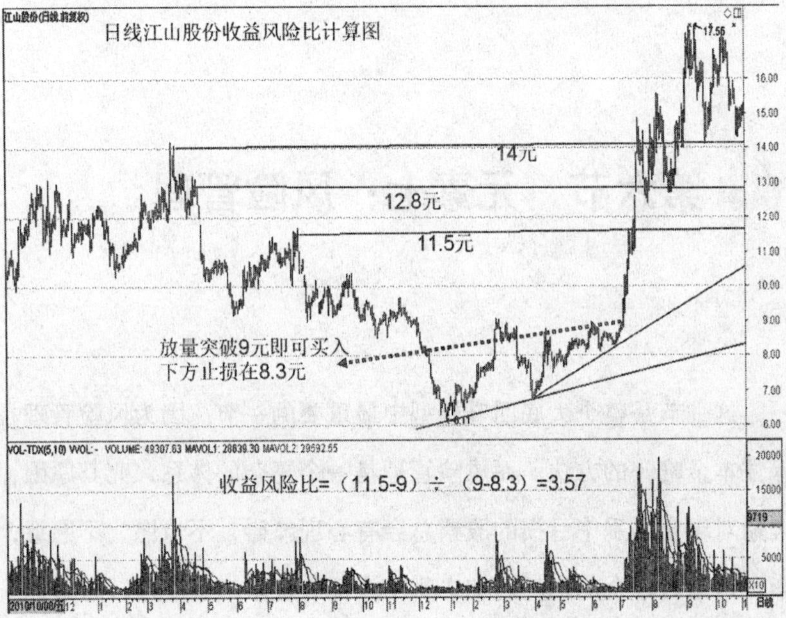

图31

第六节　元素七：风险管理

这一节是整个大底回升模型中最重要的一节。因为风险管理是保住本金唯一的方法。而风险管理是一个复杂的体系，究其原因，大家对于卖出手中亏损的股票总会有心理障碍，不情愿、不愿意，毕竟这是对本金的损耗。加之每个人都有侥幸幻想心理，盼着涨一点再卖。另外，大家对于下跌更有不确认性。这三种心态集中在一起，就会让风险无限放大，最后手中的股票就“短线变中线、中线变长线、长线变贡献”。

谈及风险管理，市场上有很多复杂的计算公式和计算模型。这里作者不去论述它们，因为不实用，而且大部分投资者用不到，因为它们的专业性太强。这里只谈两点风险管理的方法，具体的实战应用和案例讲解放到止损这一章节进行重点论述。

第一点，要树立风险意识。

风险意识的树立最核心的一点就是要有亏损方面的思考和计划，即要在交易计划中有亏损这一心理准备。当有了计划，发生亏损时，你的心理就能接受，一旦接受了就可能去执行。大部分投资者脑中是没有计划亏损这一部分的。

如果有了收益风险比的意识，那么亏损就在计划内了。不要一股脑地想着收益，要做好亏损的准备。总之，风险管理的第一步就是把亏损放在交易的计划内。

第二点，就是确认下跌是否有效。

我们先不谈及下跌是否有效这一话题，我们换个角度思考就会理解得更透彻一些。问一下自己，如果我们手中的股票继续下跌怎么办？只要往这个方向想一想，我们就不必直接谈及下跌是否有效这一话题了。做风险管理或者叫止损时，我们只要问自己一个问题，手中股票下跌怎么办即可，而不要只想手中股票上涨了怎么办。当然只有想法是不够的，但没有想法更加不行。

以下几种破位时务必要卖出：M头颈线位的破位、平台的下沿位破位、头肩顶的颈线位破位和贴着上涨趋势线之后股价跌破上涨趋势线。这几种破位必须卖出，具体分析我们在止损这一章节会详述，这一节只是帮大家建立风险意识和下跌怎么办这两种思维模式。

第四章

大底回升模型如何选股

本章提示

说到做股票，就三个核心问题要解决，任何理论和方法都是为了解决这三个问题：1. 买什么股票？2. 什么时候买？3. 什么时候卖？以上三个问题解决了，做股票就简单多了。

围绕选股展开的讨论数不胜数，这方面的书籍也非常多。简单来说，可以分为价值投资派和技术分析派。说到价值投资，大家一定会想到巴菲特。巴菲特的年化收益率为26%，而在中国有部分技术派高手的年化收益率甚至远高于这个数值。所以中国投资者特别崇尚技术投资派。可是作者发现技术投资的理论和实战都非常复杂，要想灵活运用更是难上加难。而崇尚巴菲特的投资者中，大部分又是伪价值投资者。加上中国的股市制度不是很完善，虚假财务现象时有出现，这些都使得价值投资者伤痕累累。更有甚者，一旦股票被深度套牢，有些人就会抱着一种侥幸心理告诉自己或者他人：我在做价值投资。实际上，这些投资者可能连简易的三大财务报表都看不懂，甚至连手中被套股票的公司的主营业务都不清楚，更不要谈毛利率、行业门槛、主营产品市场占有率、行业预期增长率、现金流、负债率等等概念了。

在不太成熟的中国股市，普通股民谈及股票，脸上的痛苦表情远远多于灿烂表情。究其原因有很多，而不会选股则是重要原因之一。很多股民太激进、太冲动，管不住自己的手，天天满仓、频繁换股、追涨杀跌，结果常导致几百万进去，几万出来。

许多投资者没有认真思考过选股这个问题，这是对自己投资不负责任的表现。拿100万元投资作为案例，他们为了追求5万元的利润，有时会忽视20万元甚至更大的风险。他们很少考虑收益风险比，也不去分析股价背后主力真正的意图。一看到大幅上涨的股票，他们心里就只想着收益，却把风险抛到九霄云外去了。在选股方面把持不住自己的人，经常做一些后悔莫及的事情。

很多投资者有这样的经历：没买之前担心自己关注的股票上涨，一旦买进就担心股票下跌。这种患得患失的心态肯定会导致投资者大幅亏损。追根究底，还是因为对自己准备买入的股票分析得不够透彻。要把这种病态的心态治好，投资者就要彻底了解自己买进的股票，把选股工作做好。只需要大家记住一句话：不买自己看不懂的股票就OK了。一位医生说过：做手术时，不了解的器官千万不要乱碰，只做自己确定的部分。选股也是这个道理。买股之前一定要问自己三遍：我了解这个股票吗？一旦答案肯定，则考虑买入。否则，哪怕它涨100倍也和你没有关系。因为不了解，就意味着风险被无限放大。

本章重点讲解如何选股，也是帮助大家彻底了解股票之根本。

技术面加基本面，是大底回升模型选取股票之根本。

第一节　选股的切入点

说到选股的切入点，我相信有一定经验的投资者至少能说出两个以上。盘中选股的切入点无非就是看热门板块、涨跌幅度、涨速、量比和分时形态。盘后选股的切入点分为技术选股和基本面选股。技术选股切入点又可以从成交量、阶段涨幅、阶段换手率、K线形态、近期热点等角度入手。基本面选股可以从行业周期、毛利率、负债率、盈利水平、盈利增长率、行业门槛、主营产品市场占有率、公司成长性等等角度入手。

从以上分析，我们可以简单地得出一个结论：选股的切入点非常多，要考虑的面也非常广。所以很多投资者在选股的时候非常困扰，经常是选到的股票不涨，没有选到的股票却一路飙升。这就陷入到选股的死胡同里面去了。

选股中的切入点和投资者的交易计划有关。如果是超级短线，盘中选股就明显优于盘后选股。如果是波段操作，热点板块的股票就优于非热点板块的股票。如果是中长线选股，价值低洼的品种就优于价值高估的品种。

所以说切入点是由操作周期决定的。而很多投资者在这一点上不是很明确。他们用价值低洼的品种做短线，一旦发现手中股票不涨或者下跌就立即卖掉。还有些投资者大幅度追高，一旦被套就抱着价值投资的侥幸思想持股。这两种思路在作者看来都是黑白颠倒、是非不分的表现，思想与行为严重矛盾。这样进行股市操作，不亏损都难。

下面我们详细介绍一下大底回升模型的选股切入点。

大底回升模型的操作周期是中长线，主要是发现一些价值低洼和技术上较为安全的股票，真正做到基本面选股和技术面选股双剑合璧。一旦这个基调定下来之后，我们的切入点就是寻找技术上和基本面上都处于低位的股票。

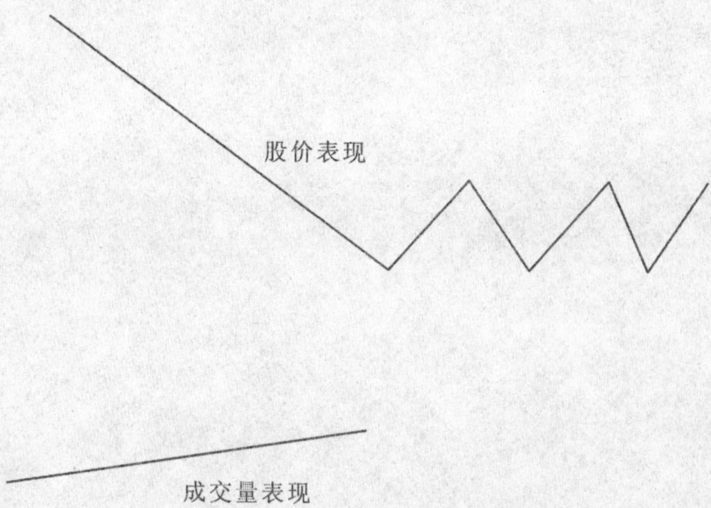

图32

而切入点的确定就是从最不可或缺、最确定的条件入手。在大底回升模型中，最重要的就是形成底部结构。而底部结构的确认，最有把握的就是量价背离，即股价在不断创新低，而成交量在不断放大。这样随后形成的底部图形最有价值。这种品种一旦发现，基本面又处于价值低洼位置，那基本可确定它们就是中长线操作的绝佳品种了。

所以，选择产生量价背离又有底部图形的股票是大底回升模型选股的切入点。请看图32，有这样表现的股票应选择买入。

第二节　如何在技术上确认股票的大底

大底回升模型的选股工作中第一步也是最重要的一步就是确认股票的大底。

上一节我们讲到了，确认股票大底最为重要的一步就是量价背离的确认。除了这一点，市场情绪、股票下跌速度、下跌幅度、下跌时间等也是确认底部比较重要的因素。这一选股逻辑，运用到了波浪理论和股市心理学。巴菲特的投资格言中也说过：别人恐惧时我们贪婪。正是这些思想、技术分析加上价值投资，才产生了大底回升模型。故大底回升模型选股的第一步，就是选择处于大底位置的股票。

由于大底回升模型选取的股票操作周期比较长，所以作者建议用此模型选股不要很频繁，最多一个月选一次股。还有些投资者几年才选一次股。

选股次数越少，就证明你的选股状态越好。十年前选了贵州茅台，十年之内都可以不选股。因为散户投资者中大部分人资金都是有限的。技术好的投资者可以在选定的品种上做T+0，降低标的品种的持仓成本；技术一般或者不好的投资者持股待涨就可以。因为获利是我们来到市场的唯一目的，操作股票不是我们的目的。

下面我们分析一下大盘的历史大底是不是符合本节说到的几个特点。请看图33及图34。

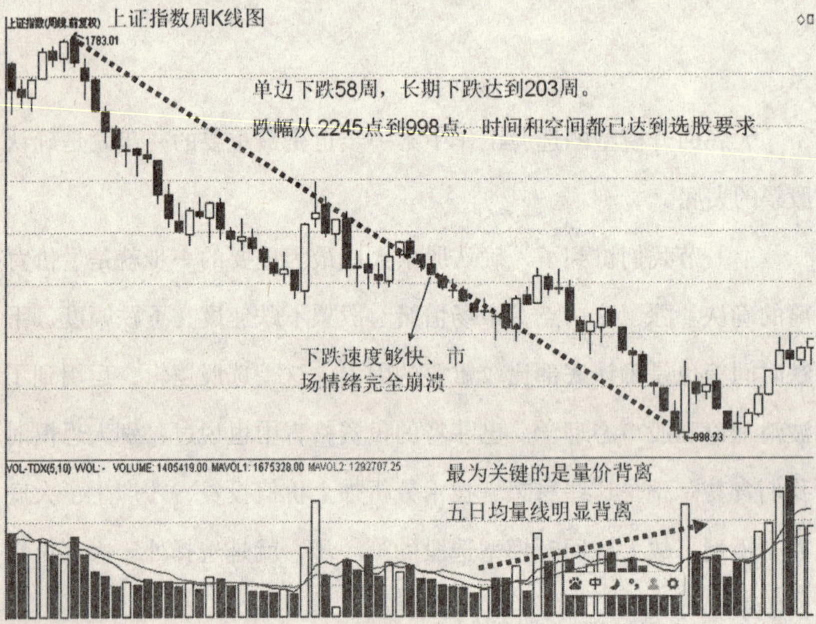

图33

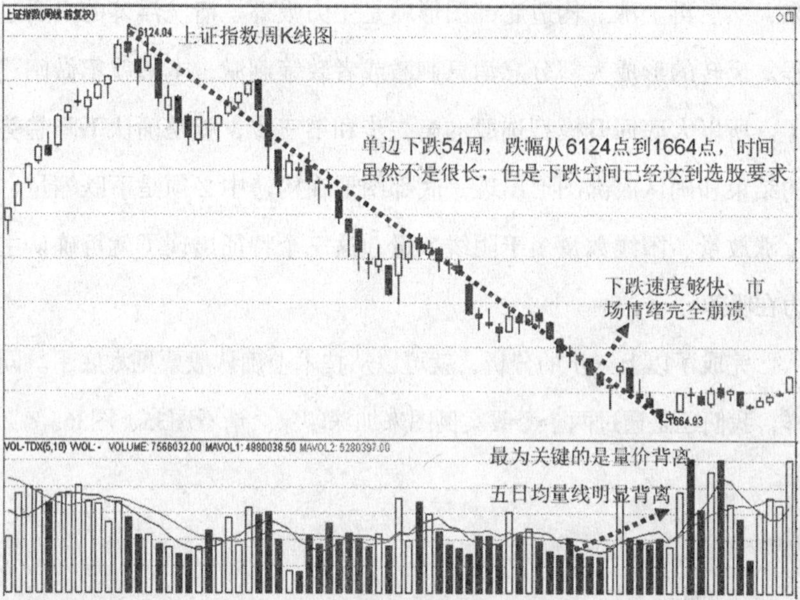

图34

从图33、图34我们不难看出来，任何一个大底的构造都是由超跌形成的。所以当一只股票超跌后，它就有被关注的价值；如果是一只基本面好的股票，则超跌后就有投资的价值。

仅仅有超跌肯定是不够的，底部图形的出现和下跌趋势的转变也是两个必不可少的因素。所以选完超跌股票后，确认下跌趋势结束和底部图形出现是确认底部图形的第二步和第三步。

如何确认下跌趋势的结束？这个主要是靠大家画下降趋势线。一旦成功突破下降趋势线，就代表下降趋势结束。突破下降趋势，必须有量能的确认。下降趋势线过多个近期高点即可。下降趋势一旦突破，一般的股票不会马上反转，大多数会构造一个底部图形出来，然后再上涨。构造底部图形就是主力吸筹、清洗浮筹的必要过程。反转的形成大部分靠消息刺激或者政策刺激，本书就不做阐述了。所以大底回升模型选股的第二步和第三步，就是确认下降趋势的结束和确认底部图形出现。底部图形在构造中必须是下跌缩量、上涨放量、阳线数量多于阴线数量。这三个特征出现了就可确认主力在吸筹。

完成了以上三步的分析，就可以从技术上确认股票见大底了。同样，我们还是通过两个个股案例图来加深印象。请看图35、图36。

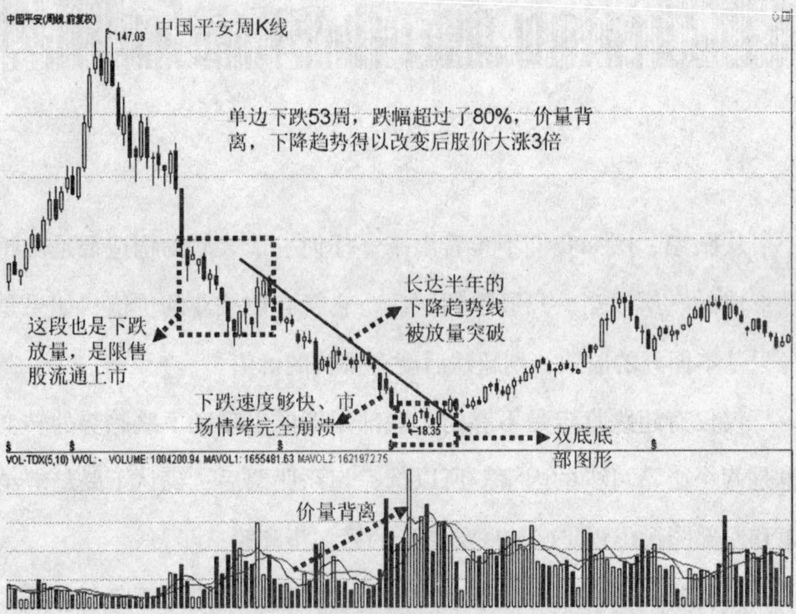

图35

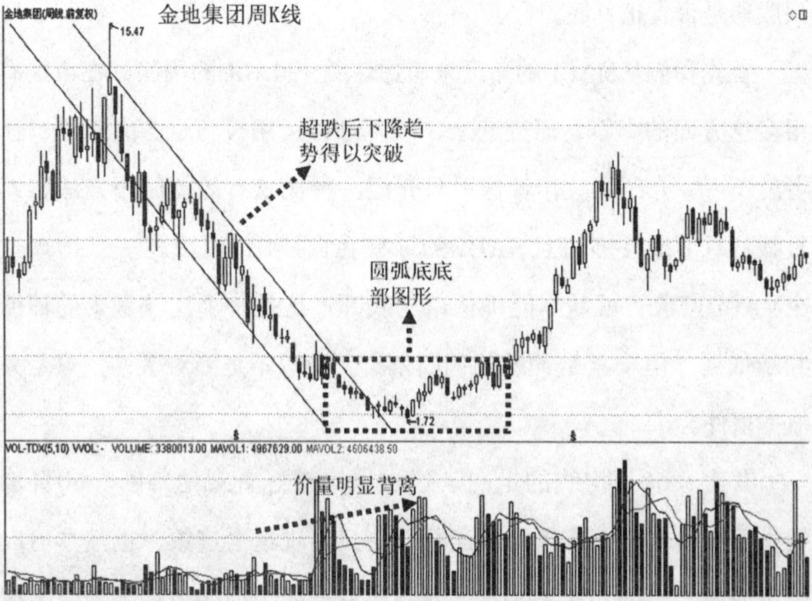

图36

以上是从技术上选出来的两个品种。从大底回升模型的选股切入点来看，我们是选取下跌过程中价量背离的品种。一旦发现这种品种，我们通过看下降趋势来确认股价是否放量突破了下降趋势线。一旦下降趋势线也得以突破之后，我们就分析股票是否有底部图形。一旦出现了底部图形，我们再分析底部图形形成过程是否是下跌缩量、上涨放量，阳线数量是否多于阴线数量。这些都是确认股价是否是大底部的技术标准。

以上三部曲都通过，则足以从技术上认定一个股票的底部。这里面需要一些价量分析的功底。为了让大家更好地把握一只股票的真正底部，笔者还可以从均线和MACD两个角度来帮助大家判别一只股票是否真正见底。

首先我们从MACD的角度来考虑。关于MACD的用法，在市场有很多这方面的书籍，研究起来比较复杂，运用技巧也各有不同，作者就不一一介绍了。作者这里只介绍一种比较有效的使用方法，即月线MACD绿柱缩短且MACD的绿柱在白线DIF里面。一旦出现这个MACD迹象，就基本能确认市场底部。这是一个比较重要的辅助判断依据。但毕竟是辅助的判断依据，所以不是绝对事件，只是大概率事件。

其次，60日均线的走向。这一点比较好直观地判断。60日均线由下降变成走平或者向上运行，一旦出现这个迹象，也基本可以确定该股的底部。如果60日均线同时在日线、周线级别出现以上情况，那基本可以确认底部的到来。均线是趋势的一种辅助判断指标，而60日均线是均线系统中最为重要的一条生命线，所以其走势基本可以作为判断市场趋势的一个重要依据。

有了以上两个辅助的判断指标，加上技术选底三部曲，我们从技术上就可以确定一个股票的底部。

刚从技术上确认后，很多投资者还差点信心，还不足以让大部分投资者坚守此类品种。当然坚守有两种方式，一是在这些品种上反复T+0操作，二是安心持股以获取丰厚利润。为了让大家信心更加强大，更明确地确认一个股票的底部，我们还可以从基本面或者行业政策预期价值挖掘的角度来考虑。下面一节，我们将从价值挖掘的角度来选择一个价值低洼的品种。

第三节　如何确认价值低洼的品种

股票基本面研究是一项非常复杂的工程，需要比较精深的专业知识，要能读懂上市公司的三大财务报表，懂得行业的特性和成长空间。所以对于大部分散户投资者来讲，要把这项工作做好，简直太难了。特别是有些投资者，已过退休年龄，要其学习财务知识及专业的估值模型，基本不可能。那我们基本面研究怎么办？放弃？错！要借势。可通过分析股东结构、主力追踪及阅读研究报告来了解基本面方面的知识。我想这项工作应该不难，只要能识字就能看懂。如果这样做之后我们还不能确认股票是否价值低洼品种，我们还可以从行业特性和生活常识切入分析。行业特性和生活常识比较好理解，下面我们就从这两个方面教大家分析如何发掘价值低洼的股票品种。

从股东结构、主力追踪和研究报告研究基本面

首先我们来看一下股东结构、主力追踪和研究报告这三项对大

家研究股票基本面方面的帮助。

兵法有云，“知己知彼，百战不殆”。在股市里，我们的对手、我们的敌人就是庄家。研究庄家的行为是股市所有分析流派的共同目标。散户投资者要战胜的对象就是庄家。股东研究、主力追踪这两项是研究主力动向最直接、最有效的方法。虽然数据是季度数据有些滞后，但如果这些数据显示价格数据发生了背离，那也可作为股票处于底部的辅助证据。我们先通过图37、图38来直观地看一只股票的股东研究和主力追踪这两项数据，然后通过案例来和大家分析这些数据的用法。

601901
方正证券

最新提示	公司概况	财务分析	股东研究	股本股改	风险因素	公司报道	行业分析
公司大事	港澳分析	经营分析	主力追踪	分红扩股	高层治理	业内点评	关联个股

☆股东研究☆ ◇601901 方正证券 更新日期：2012-11-02◇ 港澳资讯 灵通V5.0
★本栏包括【1.控股股东与实际控制人】【2.股东变化】【3.基金持股】
【1.控股股东与实际控制人】

控股股东	北大方正集团有限公司(41.18%)
实际控制人	北大资产经营有限公司(持有北大方正集团有限公司比例：70.00%)
最终控制人	北京大学

【2.股东变化】
截至日期:2012-09-30 十大流通股东情况 股东总户数:166573

股东名称	持股数(万股)	占流通股比(%)	股东性质	增减情况(万股)
利德科技发展有限公司	39773.16	12.00 A股	公司	新进
哈尔滨哈投投资股份有限公司	29623.49	8.94 A股	公司	新进
嘉鑫投资有限公司	13906.70	4.19 A股	公司	新进
苏州尼盛国际投资管理有限公司	13906.70	4.19 A股	公司	新进
北京万华信融投资咨询有限公司	13906.70	4.19 A股	公司	新进
上海圆融担保租赁有限公司	8344.02	2.52 A股	公司	新进
郑州煤电物资供销有限公司	7996.35	2.41 A股	公司	新进
浙江省经济建设投资有限公司	7488.90	2.26 A股	公司	新进
浙江省丝绸集团有限公司	7200.00	2.17 A股	公司	新进
浙江兴发化纤集团有限公司	6909.57	2.08 A股	公司	新进

图37

601901 方正证券	最新提示	公司概况	财务分析	股东研究	股本股改	风险因素	公司报道	行业分析
	公司大事	港澳分析	经营分析	主力追踪	分红扩股	高层治理	业内点评	关联个股

☆主力追踪☆ ◇601901 方正证券 更新日期：2012-11-06◇ 港澳资讯 灵通V5.0
★本栏包括【1.机构持股汇总】【2.股东户数】【3.机构持股明细】【4.异动上榜】
【1.机构持股汇总】

报告日期	2012-09-30	2012-06-30	2012-03-31	2011-12-31
基金持股	900.00	17742.56	8011.39	5291.05
占流通A比	0.27	11.83	5.34	3.53
持股家数及进出情况	共计1 新进1	共计46 新进45 减持1	共计6 新进4 增持1 减持1	共计7 新进5 减持2
券商持股		1002.89		
占流通A比		0.67		
保险持股			3097.48	9708.62
占流通A比			2.06	6.47

注：以上数据取自基金持股和公司十大流通股，季度数据未包含基金持股明细
　　最近一期数据可能因为基金投资组合或公司定期报告未披露完毕，导致汇总数据不够完整。

【2.股东户数】

截止日期	股东户数	户均持股	较上期变化	筹码集中度
2012-09-30	166573	19903	趋向集中	较分散
2012-06-30	172618	8689	无明显变化	较分散
2012-03-31	170355	8805	无明显变化	较分散
2011-12-31	177901	8431	趋向集中	较分散
2011-09-30	113572	7264		非常分散

图38

图37、图38是方正证券截至2012年9月30日的股东数据及主力数据。这些数据看上去杂乱无章，但从中我们却可以分析出三个方面：1. 股东的性质。2. 筹码集中度。3. 大股东增减情况。这三个方面就是分析主力在刚刚公布的一个季度里面的运作情况。这三个方面符合以下要求，我们就可以确认该股的基本面不会在短期内发生大的黑天鹅事件（黑天鹅事件就是指基本面突然变坏）。当然这不是绝对的，特别是股票运行在高位的时候。但是当股票运行在低位的时候，若股东研究和主力追踪又显示庄家有吸筹迹象，那这个时候我们就可以确认基本面没有问题，因为低位庄的运作方向只有一

个——吸筹或者不吸筹。因为低位出货，所以从战略上来讲主力不会采取这种策略。这里再次强调，低位股票一定要符合上一节讲到的几个条件，不能乱找，特别是一些下跌趋势没有改变的股票，一定从技术上确认了底部再看基本面，而不能简单地认为低位就是主力加仓。

从以上三个方面进行分析，分别是筹码集中度由分散到集中为主力吸筹，户均持股越多越好，股东加仓越多越好，股东性质机构越多越好，机构为私募或者信托就更好。这方面的内容属于方向性分析，只要主力方向吸筹就可以，没有具体的量化标准。因为这一方面量化之后和股价上涨幅度不能成比例，所以不需要量化。

阅读研究报告也是一种基本面研究方法，这个算是借力，即借专业研究机构的专业性来帮我们把脉一只股票。通过这些研究报告，我们知道了股票的更详细的主营业务运用情况、财务情况、利润增长点、市场竞争激烈程度、行业周期等。不能说机构研究报告推荐的股票一定涨，但至少里面还是能淘金的。我们的切入点是技术上确认见底，基本面辅助我们更透彻地了解一只股票，这样我们对股票底部的把握就更有信心，更可能选到一些价值被严重低估的股票。

从行业分析和生活常识研究基本面

我们来看看行业分析和生活常识如何帮助我们分析一只股票的

基本面。

以贵州茅台为例，在很早以前我们就认识到该企业的主营业务蒸蒸日上，其产品价格一直上涨，商品紧俏。片仔癀也是一样，在大涨之前，其产品广告一直在中央台进行播放。汤臣倍健也是一样，用姚明代言其产品一段时间后，股价一路飙升。这些都是顺理成章可以预想的一些股票的基本面。此外，夏天做电力股，冬天做煤炭股；牛市做周期性品种，弹性空间大；熊市做医药、消费类等防御性品种；大盘行情好的时候，券商股表现肯定不会差；比如服装行业，可看其门店开得多不多，消费群体是哪些；酿酒行业也可以通过生活观察确定其基本面；地产行业也是一样，知名企业的业绩保障相对较好。这些股票的基本情况都可通过行业分析得到。其他行业大家可以根据自己的认识进行认知和分析。这一方面的生活常识，本书就不多介绍了，只是提供大家一个思考方向，辅助大家更好地了解一个行业、一只股票。

当选股完成之后，接下来的工作就是等待买点的出现。下面一章我们将介绍大底回升模型的四种买入法。

第五章

大底回升模型的四种买入法

本章提示

大底回升模型中，买点一般会在K线的三个位置出现。

1. 轨道下轨支撑处（箱体下沿、上升趋势线附近，三角形整理下轨等，以箱体下沿为主）。

2. 回踩位（回踩箱体上沿、下降通道、三角形上轨，以回踩箱体上沿为主）。

3. 突破位（突破箱体上轨、下降通道、三角形上轨等，以箱体上沿为主）。

当一只股票突破了底部图形，同时投资者又错过了前面三个买点的时候，若股价均线处于多头排列时，则五日均线买入法简单有效。

关于买点的把握，市场上有一句话：会买的是徒弟，会卖的是师傅。这句话只说对了一半，因为这句话忽略了买点的重要性。当买点不好时，投资者的信心就很容易丧失；庄家进行较大幅度洗盘时，容易手足无措，会在要不要止损的心态边缘挣扎。股价上去了还好，一旦下来了，下跌5%时不愿意止损，下跌10%时也不愿意止损。长此下去，必被套牢。所以作者在这里再三强调买点的重要性。市场还有一句话就是：宁肯错过，不要做错。这句话讲的就是对购买股票的谨慎性约束，同时强调了买点和止损的重要性。当买点错误时，很容易影响你止损心态的坚决性。一旦不知道止损，要在市场上实现资产持续稳定地增值就变成了一句空话。因为资产持续稳定的增值是建立在小赔大赚的基础上的。大部分投资者在投资过程中一定会发现：小赚大赔是常态，所以资产的缩水也就成为一种常态。而要做到小赔大赚，止损的把握就显得尤为重要，因为它是杜绝大赔的唯一途径。我们先看买点，下面我们将对三个位置的买点进行详细的分析。

第一节　轨道下轨支撑处买入法

轨道下轨支撑处买入法，有几个核心难点和要点要把握。

这一买入法我们要分清楚这个底部图形以何种方式呈现。当其以箱体横盘的方式出现的时候，那我们的买入点选择就是箱体下沿。所谓箱体下沿指的是过多个低点的连线。这里需要提醒大家的是，不是近期两个最低点的连线，而是近期多个低点的连线才是箱体的下沿线；而三角形形态或者是下降通道的下沿，也都是以过多个低点为原则，同样买入点也是在下轨支撑处。

轨道下轨支撑处买入法的难点是不知道复杂的K线是什么图形，而避开这个难点最好的方法是采用舍得思想，只做一种图形——箱体。

轨道下轨支撑处买入法的重点是分清图形之后的成交量的分析，这是关键。因为成交量决定了庄家拿筹码的多少，这个数据可更好地帮助我们把握买点的火候。

下面我们以多个案例来讲解一下这一买入法的技巧。请看

图39至图48。

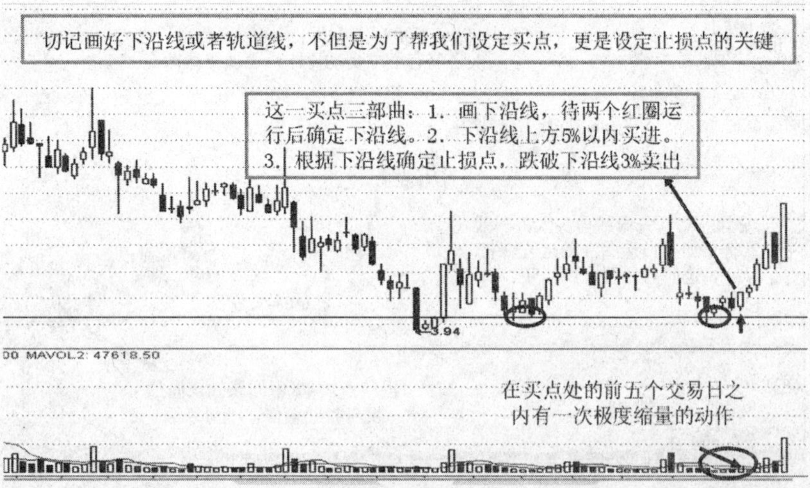

图39

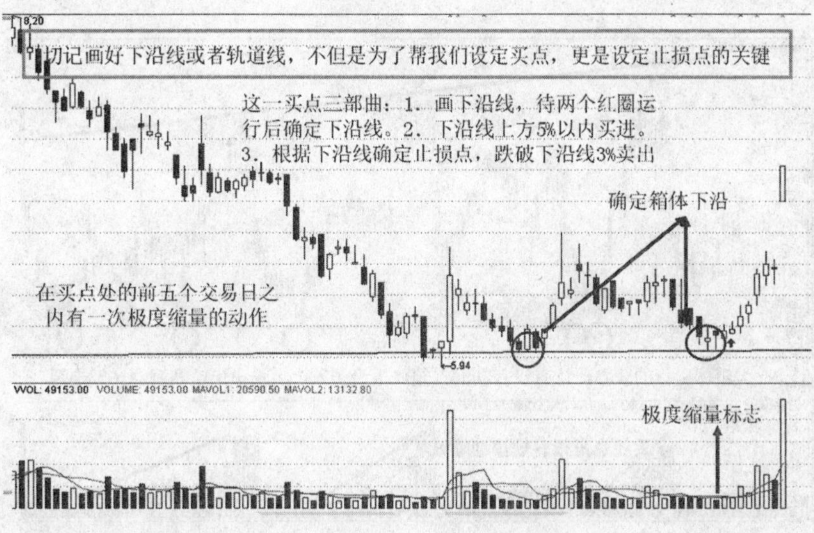

图40

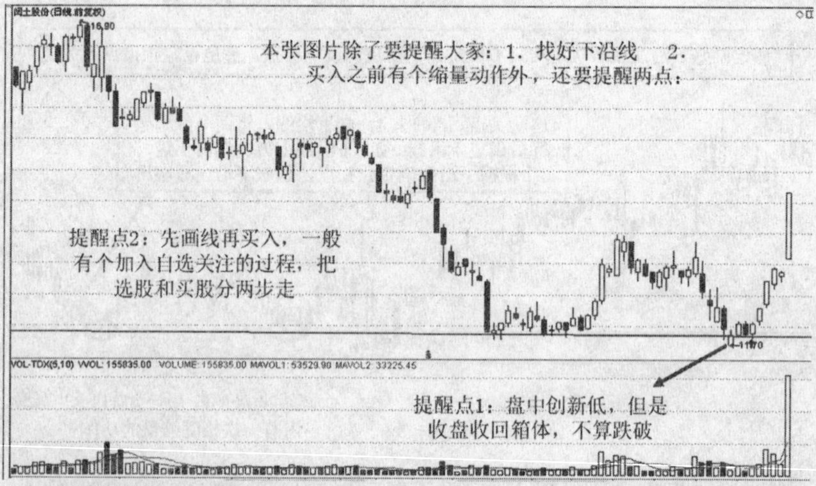
16.90
本张图片除了要提醒大家：1. 找好下沿线　2. 买入之前有个缩量动作外，还要提醒两点：
提醒点2：先画线再买入，一般有个加入自选关注的过程，把选股和买股分两步走
11.70
VOL-TDX(5,10) VVOL: 155835.00 VOLUME: 155835.00 MAVOL1: 53529.90 MAVOL2: 33225.45
提醒点1：盘中创新低，但是收盘收回箱体，不算跌破

图41

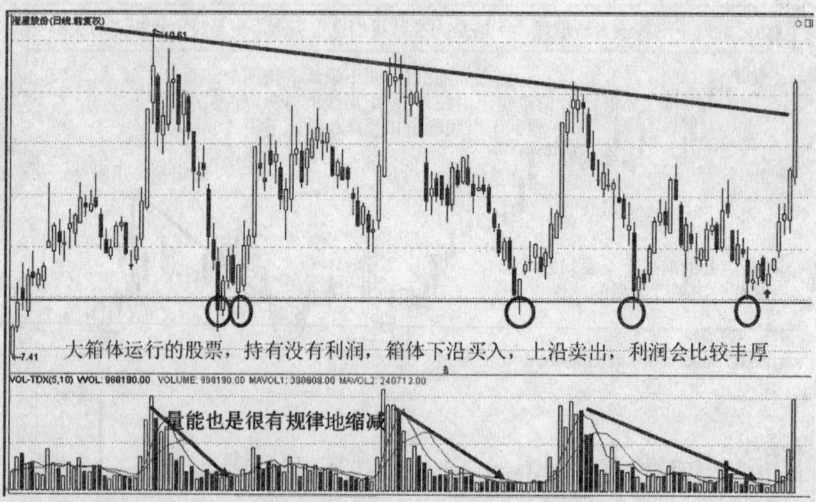
10.61
7.41
大箱体运行的股票，持有没有利润，箱体下沿买入，上沿卖出，利润会比较丰厚
量能也是很有规律地缩减

图42

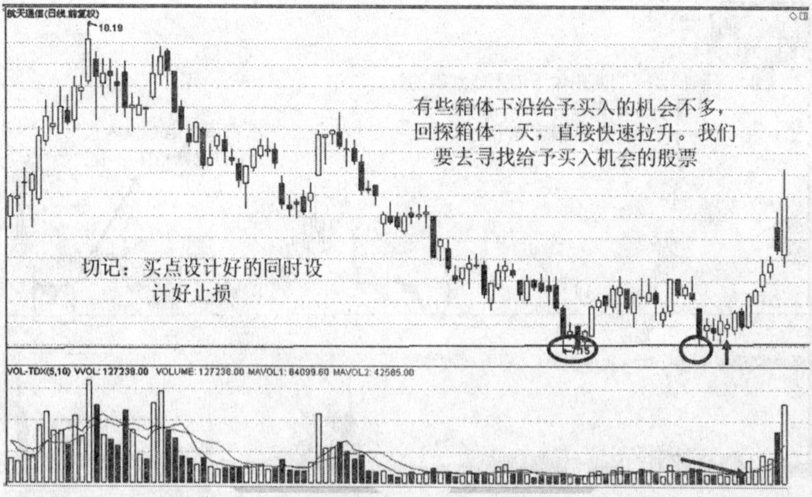
10.19
有些箱体下沿给予买入的机会不多，
回探箱体一天，直接快速拉升。我们
要去寻找给予买入机会的股票
切记：买点设计好的同时设
计好止损
VOL-TDX(5,10) VVOL: 127238.00 VOLUME: 127238.00 MAVOL1: 84099.60 MAVOL2: 42585.00

图43

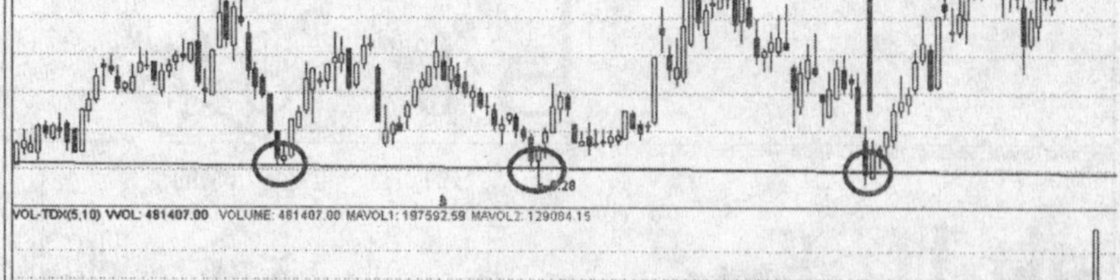
14.14
箱体下沿的买点是等出来的，一个长期
横盘的股票出现下沿的位置的买点，该
股96天里面就出现过1次下沿线买点
切记：好的买
点是等出来的
VOL-TDX(5,10) VVOL: 481407.00 VOLUME: 481407.00 MAVOL1: 197592.59 MAVOL2: 129084.15

图44

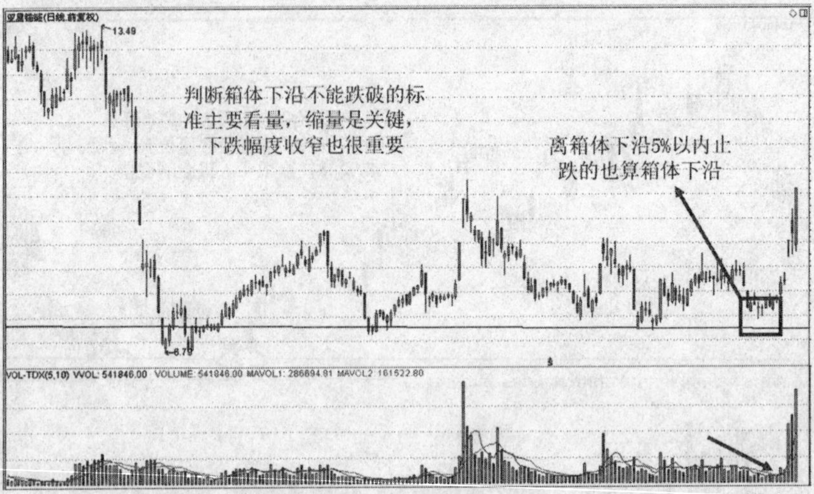
13.49
判断箱体下沿不能跌破的标准主要看量，缩量是关键，下跌幅度收窄也很重要
离箱体下沿5%以内止跌的也算箱体下沿

图45

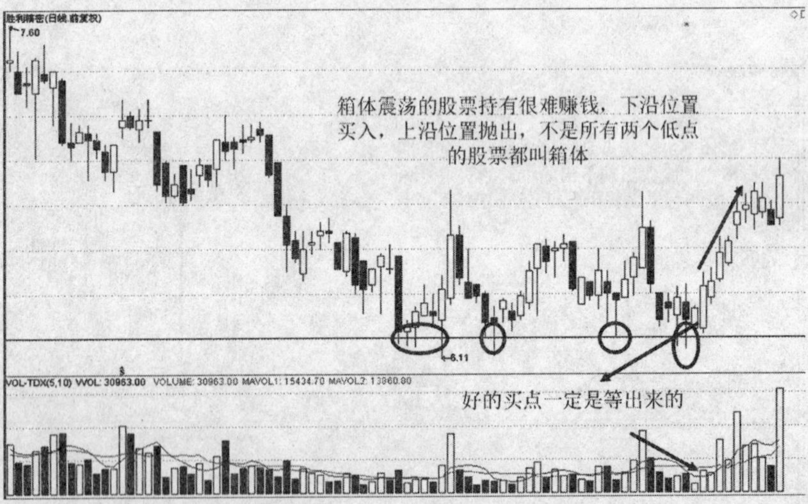
7.60
箱体震荡的股票持有很难赚钱，下沿位置买入，上沿位置抛出，不是所有两个低点的股票都叫箱体
6.11
好的买点一定是等出来的

图46

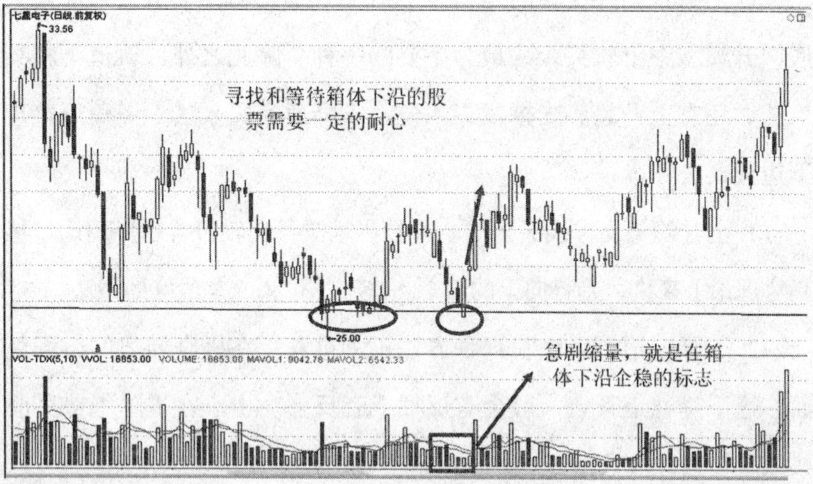
33.56
寻找和等待箱体下沿的股
票需要一定的耐心
25.00
VOL-TDX(5,10) VVOL: 18853.00 VOLUME: 18853.00 MAVOL1: 9042.76 MAVOL2: 6542.33
急剧缩量，就是在箱
体下沿企稳的标志

图47

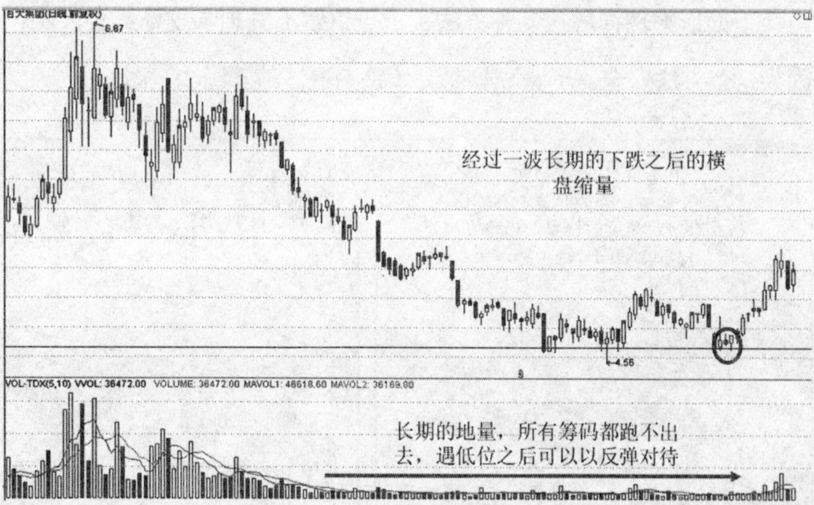
6.87
经过一波长期的下跌之后的横
盘缩量
4.56
VOL-TDX(5,10) VVOL: 36472.00 VOLUME: 36472.00 MAVOL1: 46618.60 MAVOL2: 36169.80
长期的地量，所有筹码都跑不出
去，遇低位之后可以以反弹对待

图48

以上十张图片反映的是箱体下沿买入法。箱体下沿买入法是大底回升模型中下轨买入法最为主要的一种。除此之外，轨道下轨买入法，还有上升趋势支撑线买入位、下降通道买入法、三角形整理下边买入法等。

1. 上升趋势支撑线买入法。这种买入法，比较符合趋势理论。从趋势理论上来讲，趋势向上的股票，逢支撑位买入是最好的做法。

2. 下降通道买入法。这种方法不太推荐，在极度弱势的市场里面，逢下降通道下轨一般会有反抽或者反弹。由于在下降趋势买股票风险较大，故这种方法技术水平不高的投资者，切忌使用。

3. 三角形整理下边买入法。三角形整理分为上升三角形和下降三角形。在三角形下边买入也是一种低吸法。

下面以案例详解这几种方法，重点讲解上升趋势支撑线买入法，因为这个方法安全，毕竟顺势而为才是王道。请看图49至图54。

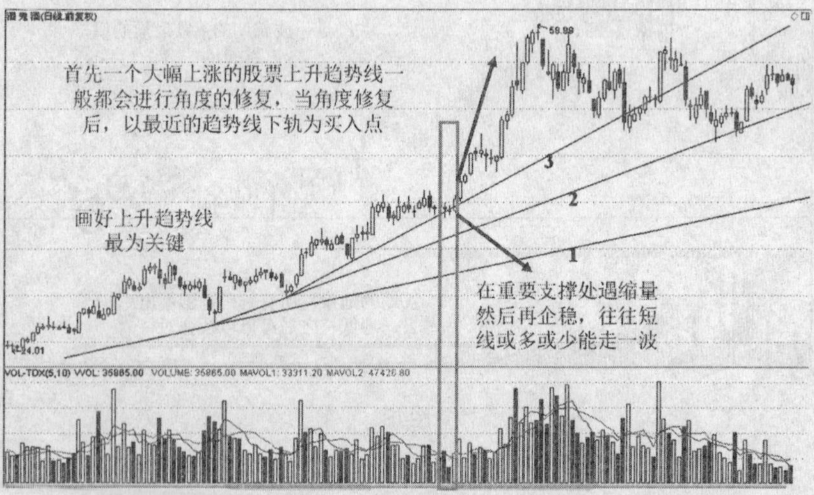

图49

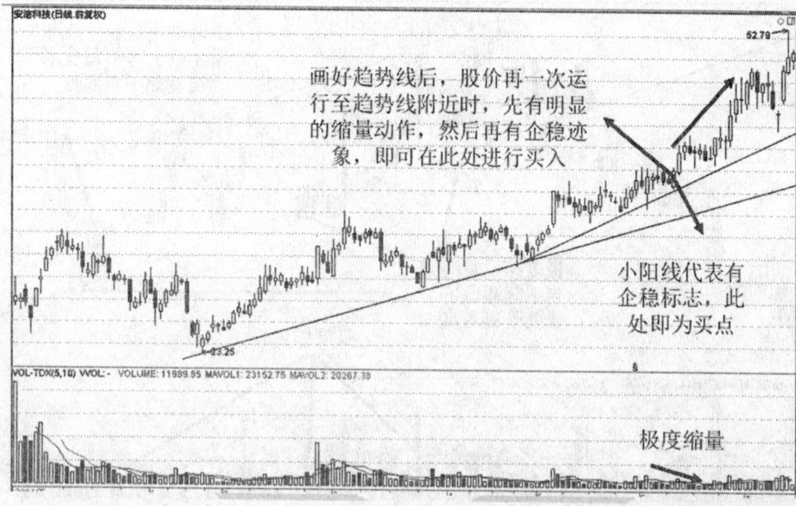
安洁科技(日线,前复权)
52.79
画好趋势线后，股价再一次运行至趋势线附近时，先有明显的缩量动作，然后再有企稳迹象，即可在此处进行买入
小阳线代表有企稳标志，此处即为买点
23.25
VOL-TDX(5,10) VVOL: - VOLUME: 11989.95 MAVOL1: 23152.75 MAVOL2: 20267.38
极度缩量

图50

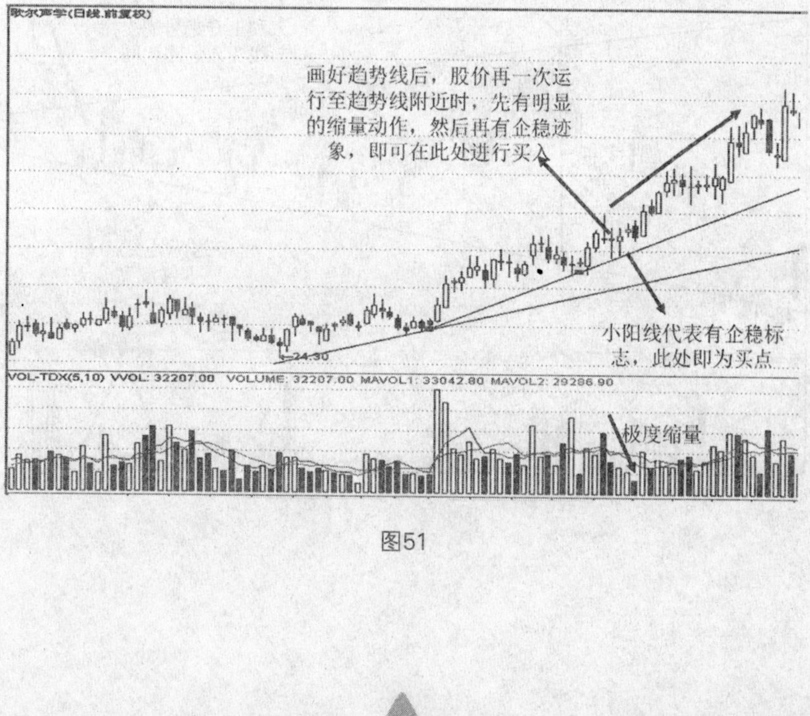
歌尔声学(日线,前复权)
画好趋势线后，股价再一次运行至趋势线附近时，先有明显的缩量动作，然后再有企稳迹象，即可在此处进行买入
小阳线代表有企稳标志，此处即为买点
24.30
VOL-TDX(5,10) VVOL: 32207.00 VOLUME: 32207.00 MAVOL1: 33042.80 MAVOL2: 29286.90
极度缩量

图51

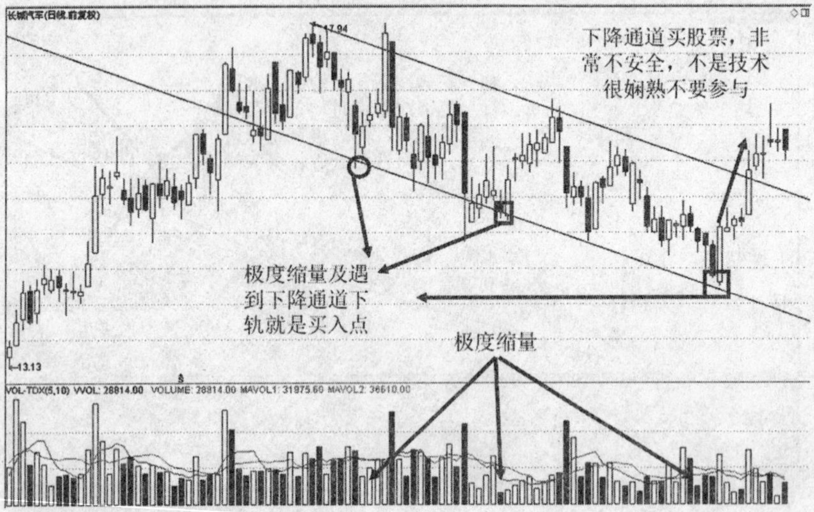
长城汽车(日线,前复权)
17.94
下降通道买股票，非常不安全，不是技术很娴熟不要参与
极度缩量及遇到下降通道下轨就是买入点
13.13
极度缩量
VOL-TDX(5,10) VVOL: 28814.00 VOLUME: 28814.00 MAVOL1: 31975.60 MAVOL2: 36610.00

图52

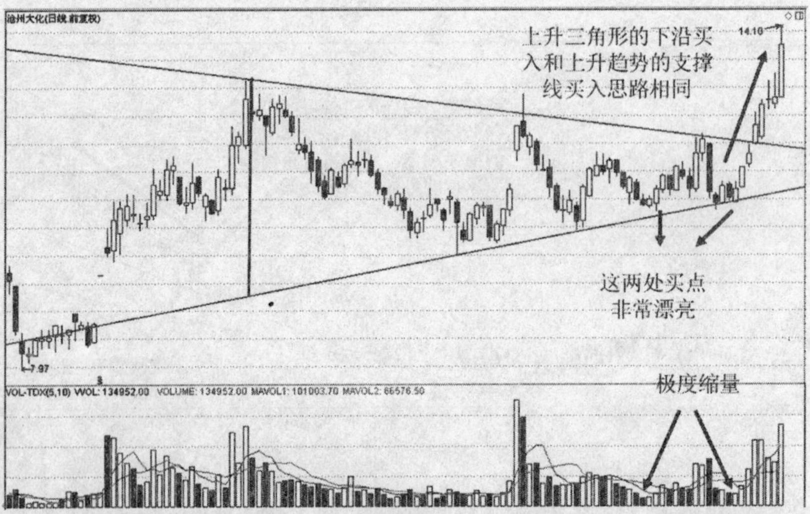
沧州大化(日线,前复权)
14.10
上升三角形的下沿买入和上升趋势的支撑线买入思路相同
这两处买点非常漂亮
7.97
极度缩量
VOL-TDX(5,10) VVOL: 134952.00 VOLUME: 134952.00 MAVOL1: 101003.70 MAVOL2: 66576.50

图53

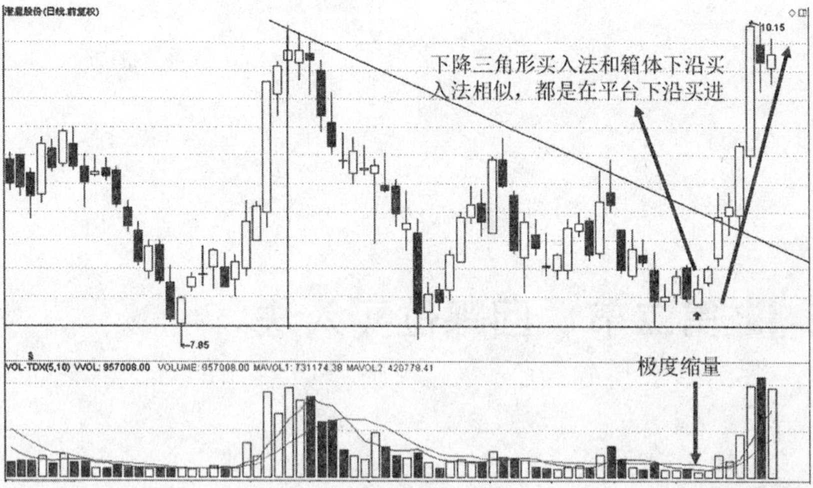

图54

下面对下轨买入法做一下小结：

下轨买入法准确地讲是一种比较激进的低吸法，这一方法运用过程中有几个难点和重点：1. 如何画线？ 2. 下轨能否支撑住？ 3. 到了下轨就买还是等等再买，还是等下轨有企稳迹象再买？

这三个问题的主要解决方法在于思想的转变。首先要养成画线的习惯。画线其实就是对图形、对形态、对股价运行轨迹的理解。线画多了，对股票的理解就会快速提升。其次，遇到下轨能否支撑住，主要看缩量和下跌幅度。当极度缩量和下跌幅度较少，这样下轨起到支撑作用的概率很大。最后，股价到下轨时是直接买还是企稳买，主要看是左侧还是右侧交易。建议做右侧交易，因为只有等企稳之后买入才算安全。就算投资者想到了下轨价位就买的话，也只能买预算仓位的三分之一。做左侧交易只能用三分之一的仓位，待到下轨之后止跌遇小阳线即可买入。

第二节　回踩位买入法

阐述完轨道下轨支撑处买入法，下面我们再来讲解一下回踩位买入法。

回踩位买入法，在大底回升模型的四个买入法中属于重点推荐的一个方法。因为这个买入法最大的好处在于其是对上涨回来的确认。这样对投资者来说，其安全系数就能得到大幅度的提高。如果按照波浪理论来讲，回踩之后确认的上涨往往是处于三浪中的上涨，上涨动能和空间都比较巨大。

和下沿买入法一样，回踩位买入法也分为箱体上沿回踩，三角形整理之后突破的回踩，下降趋势改变后的回踩和W底、圆弧底、头肩底突破后的回踩。因为大底回升模型研究的就是这几种底部图形，其中以箱体底部图形作为讲解重点。

同样我们通过图55至图59来讲解这些回踩位买入法的一些要领。

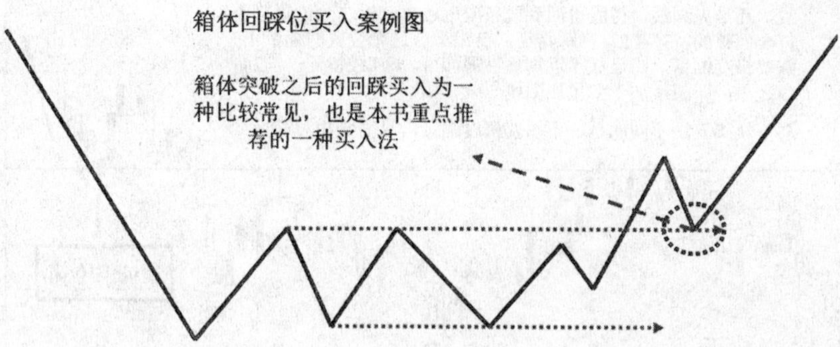
箱体回踩位买入案例图
箱体突破之后的回踩买入为一种比较常见，也是本书重点推荐的一种买入法

图55

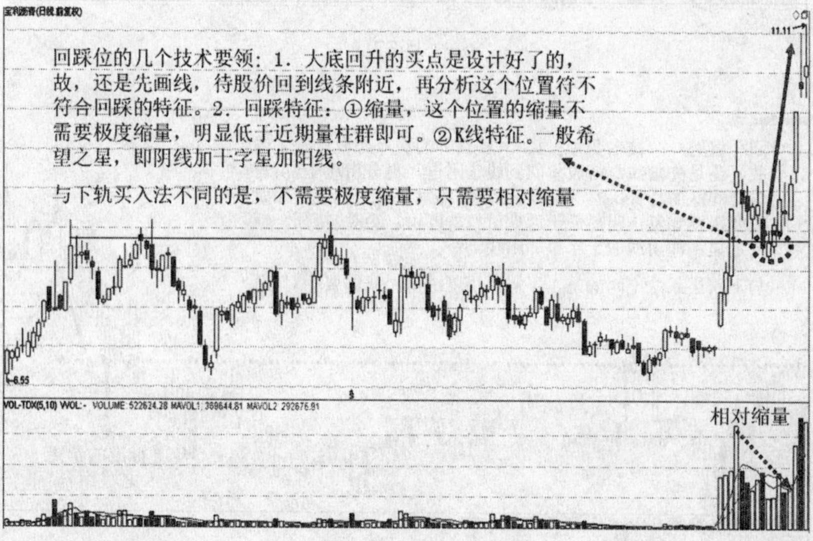
回踩位的几个技术要领：1．大底回升的买点是设计好了的，故，还是先画线，待股价回到线条附近，再分析这个位置符不符合回踩的特征。2．回踩特征：①缩量，这个位置的缩量不需要极度缩量，明显低于近期量柱群即可。②K线特征。一般希望之星，即阴线加十字星加阳线。
与下轨买入法不同的是，不需要极度缩量，只需要相对缩量
11.11
6.55
相对缩量

图56

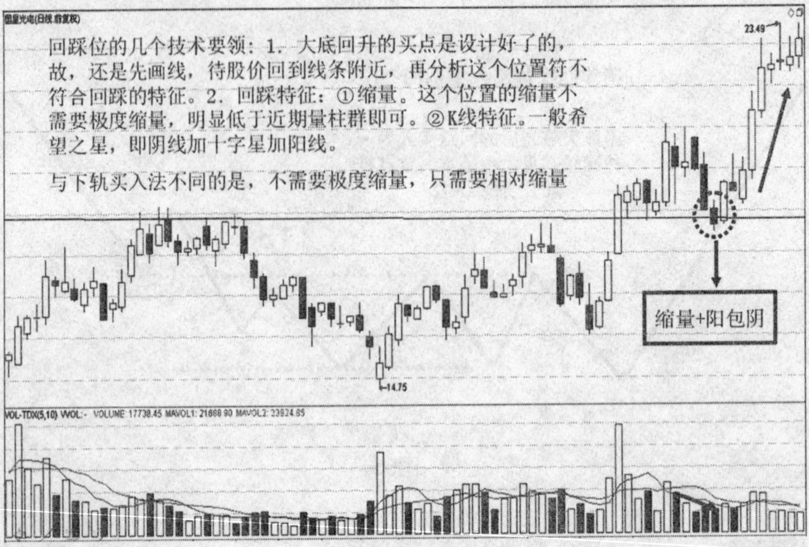
回踩位的几个技术要领：1．大底回升的买点是设计好了的，故，还是先画线，待股价回到线条附近，再分析这个位置符不符合回踩的特征。2．回踩特征：①缩量。这个位置的缩量不需要极度缩量，明显低于近期量柱群即可。②K线特征。一般希望之星，即阴线加十字星加阳线。
与下轨买入法不同的是，不需要极度缩量，只需要相对缩量
23.49
缩量+阳包阴
14.75

图57

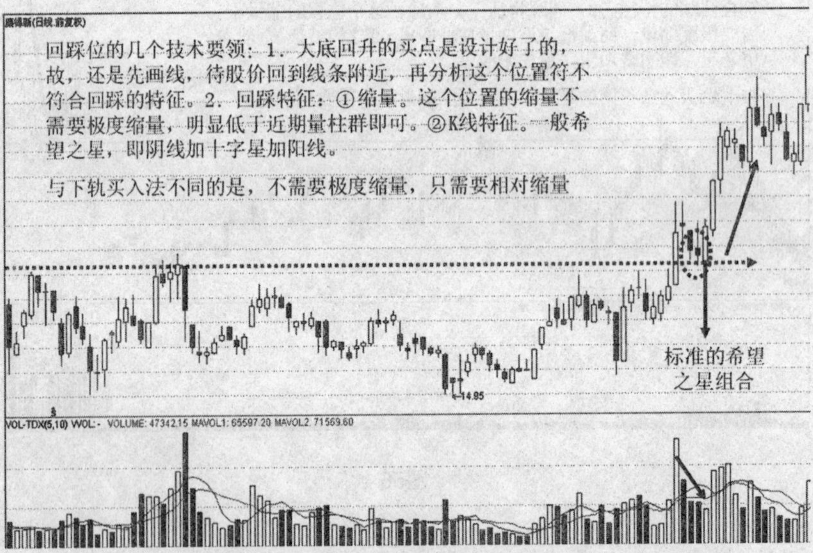
回踩位的几个技术要领：1．大底回升的买点是设计好了的，故，还是先画线，待股价回到线条附近，再分析这个位置符不符合回踩的特征。2．回踩特征：①缩量。这个位置的缩量不需要极度缩量，明显低于近期量柱群即可。②K线特征。一般希望之星，即阴线加十字星加阳线。
与下轨买入法不同的是，不需要极度缩量，只需要相对缩量
标准的希望
之星组合
14.85

图58

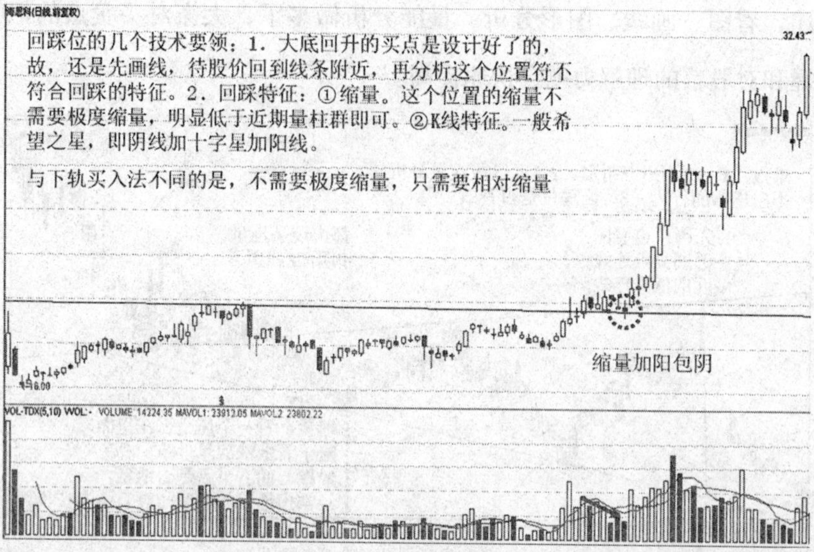

图59

图55至图59五张图片描述的是箱体回踩位买入法。由于图片大小是固定的，所以有些小位置的回踩或者更大级别的回踩无法通过图片来描述。

回踩最主要的含义就是：对一个形态或者图形的突破之后，股价重新回到突破前的位置，对突破位置或者趋势改变进行确认。说明庄家操盘比较谨慎，一般目的是庄家试探市场承接盘和抛压盘。除了日线级别的回踩，还有周线、60分钟线、30分钟线的K线的回踩。大家在运用大底回升模型的四种买入法、四点卖出法时，一定要来回切换周期，以实现对大底回升战法的熟练使用，做到见招接招，放大自己股票操作的利润。

前面讲过，回踩位买入法里面有四种图形的回踩。由于原理、逻辑和箱体回踩是一致的，所以我们通过图60至图66的解读来描述。看图、画线、图形分析、量能分析做多了，大家对买卖点的把握和对股票的理解力就会快速提高。

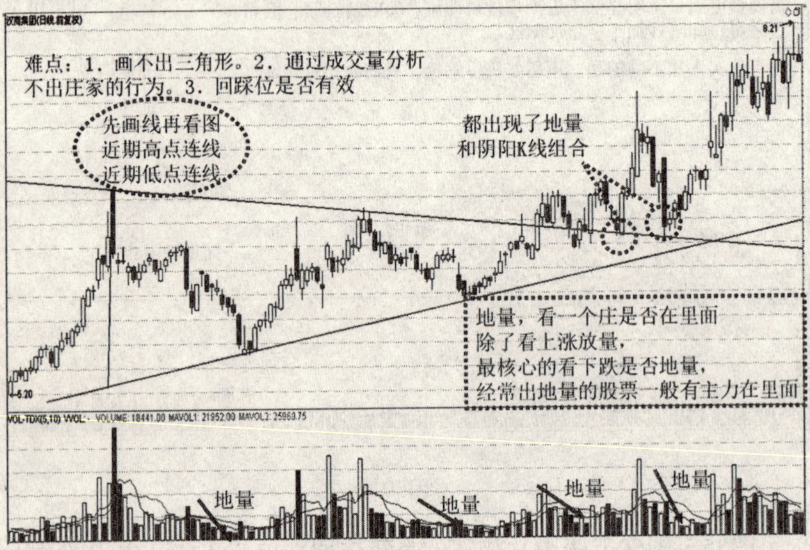

图60

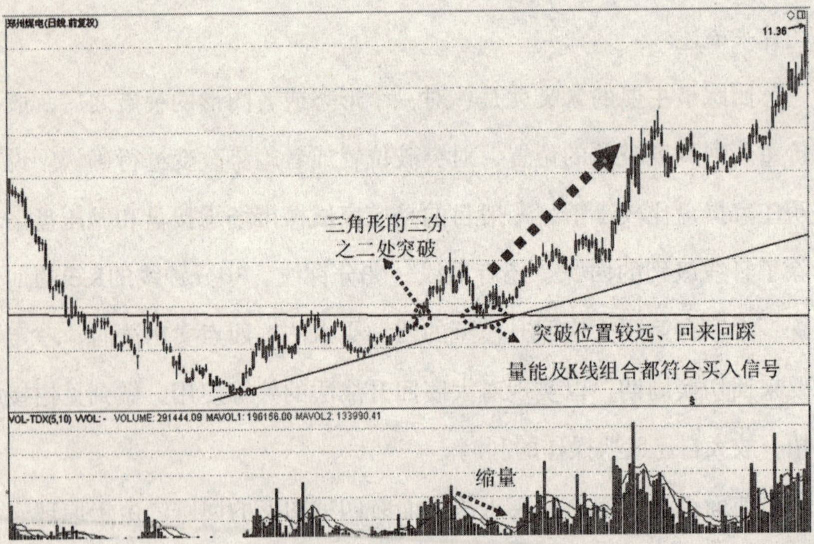

图61

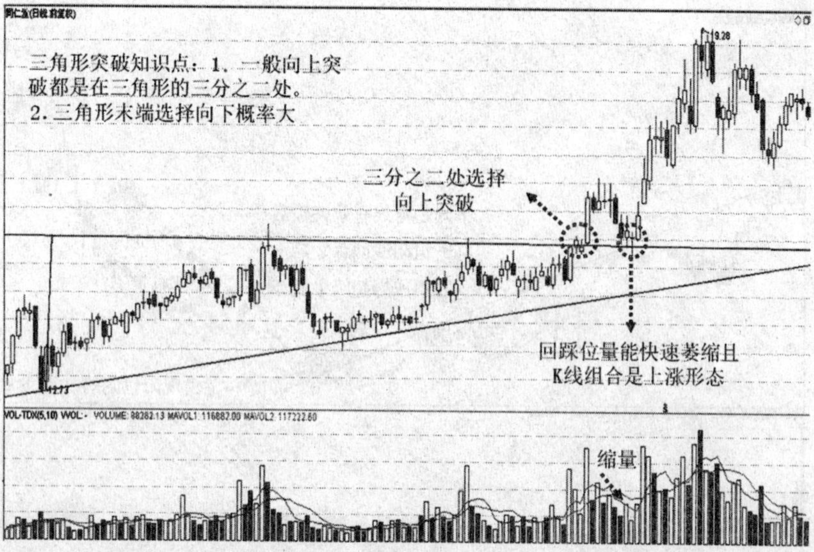
三角形突破知识点：1. 一般向上突
破都是在三角形的三分之二处。
2. 三角形末端选择向下概率大
三分之二处选择
向上突破
回踩位量能快速萎缩且
K线组合是上涨形态
9.28
缩量

图62

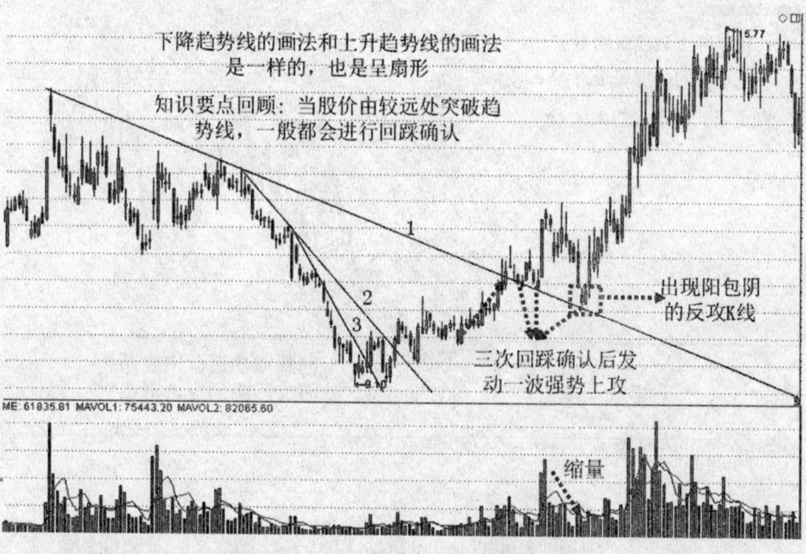
下降趋势线的画法和上升趋势线的画法
是一样的，也是呈扇形
知识要点回顾：当股价由较远处突破趋
势线，一般都会进行回踩确认
5.77
1
2
3
出现阳包阴
的反攻K线
三次回踩确认后发
动一波强势上攻
ME: 61835.81 MAVOL1: 75443.20 MAVOL2: 82065.60
缩量

图63

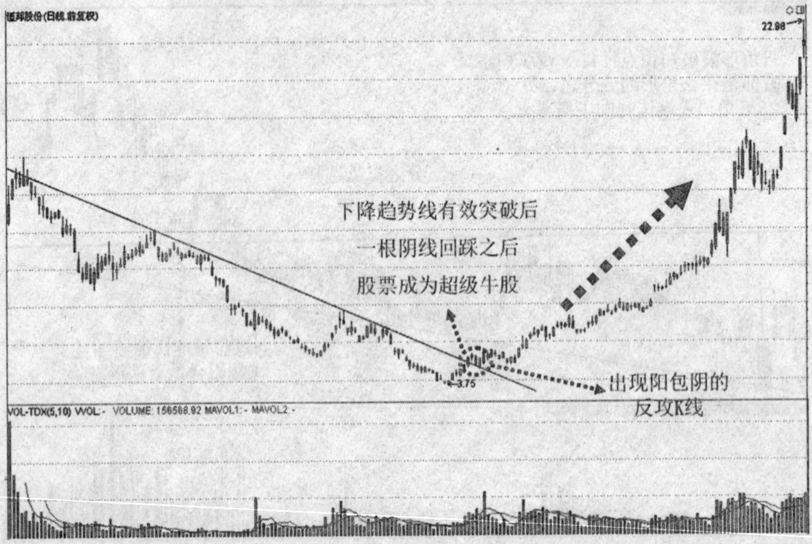
恒邦股份(日线 前复权)
22.98
下降趋势线有效突破后
一根阴线回踩之后
股票成为超级牛股
3.75
出现阳包阴的
反攻K线
VOL-TDX(5,10) VVOL: - VOLUME: 156588.92 MAVOL1: - MAVOL2: -

图64

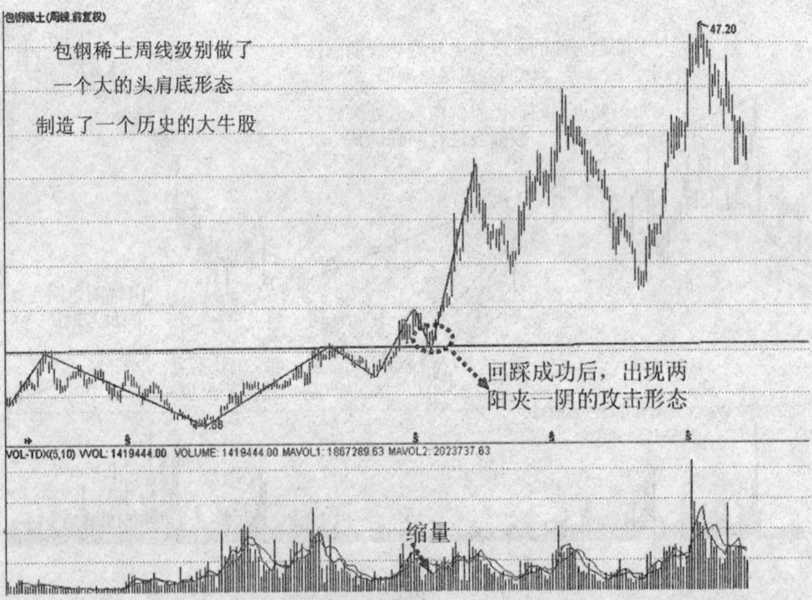
包钢稀土(周线 前复权)
47.20
包钢稀土周线级别做了
一个大的头肩底形态
制造了一个历史的大牛股
回踩成功后，出现两
阳夹一阴的攻击形态
VOL-TDX(5,10) VVOL: 1419444.00 VOLUME: 1419444.00 MAVOL1: 1867289.63 MAVOL2: 2023737.63
缩量

图65

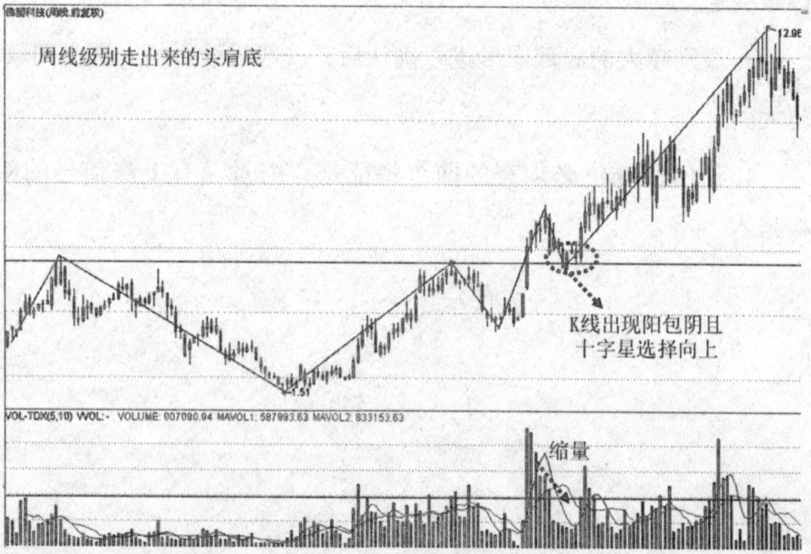

图66

图60至图66这七张图片描述的是三角形突破后的回踩、下降趋势改变后的回踩以及头肩底突破之后的回踩。这七张图片都是分析回踩位的买点。和前期买点相比，这些图片的买点相对复杂一点，原因在于：

1. 画线比较难画。

寻找箱体比较简单，因为图形比较方正。下降趋势画线也相对简单。头肩底、圆弧底、三角形这些图形颈线位的确认相对复杂一点，格局也大一点，需要观察的周期也长一点。

2. 颈线位的认定较难。

除下降趋势线没有颈线位外，其他底部图形都有颈线位，而股票回踩位一般都是在颈线位附近。颈线位主要是由放量及高点两个因素决定。

3. 级别越大的底部图形进行确认后，一般后续行情上涨空间就越大。

4. 任何回踩位必须有的两个特征是：缩量及有上涨信号的K线组合。

第三节　突破位买入法

突破位买入法和箱体下沿买入法、回踩位买入法有很大区别。

首先就在于买入位置不一样。前面两个位置的买入相对来说属于支撑位买入法，安全保守，止损空间较小。突破位买入法属于突破前期压力位的买入法。

其次，前面两个买入法，一般是遇小阳线或者十字星K线即可买入，而突破位买入一般是遇大阳线或者大阳线后的回档买入。

突破位买入法，是指股票在压力位向上突破时候的买入，爆发力较强。一般表现特征就是一个小幅度的下蹲动作或者横向盘整动作，就像打拳一样，得收回来或者蓄势再打，才会有爆发力。但是收的位置不能太大或者蓄势的时间不能过长，否则，攻击到压力位时，上涨动能已经衰竭，导致突破无效。

同样，突破位买入法和前面两个位置的买入法一样，在量能上，突破之前的几个交易日也会有明显的缩量动作。其次，在缩量之前量价配合的表现特征一般也为价涨量升、价跌量缩。这个量价配合特征主要是证明有主力在吸筹并伺机拉升。

突破位买入法也分为横盘箱体突破，三角形向上突破，下降趋势线的突破和双底、头肩底、圆弧底的突破。和其他买入法一样，我们重点研究箱体突破。不是其他图形的突破不重要，而是箱体突破比较好判断。我们一直强调，做自己有把握的事情很重要，这一点也是大底回升模型所表达的一个重要思想。下面通过案例图67至图71来讲解突破位买入法。

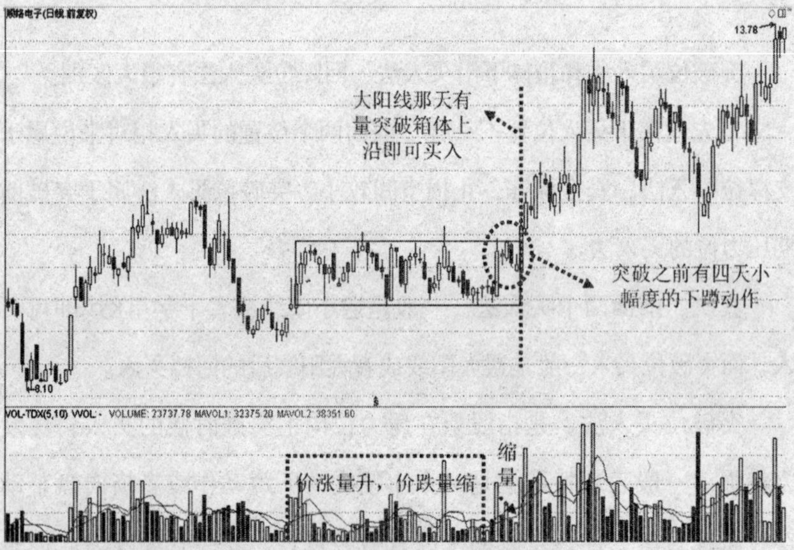

图67

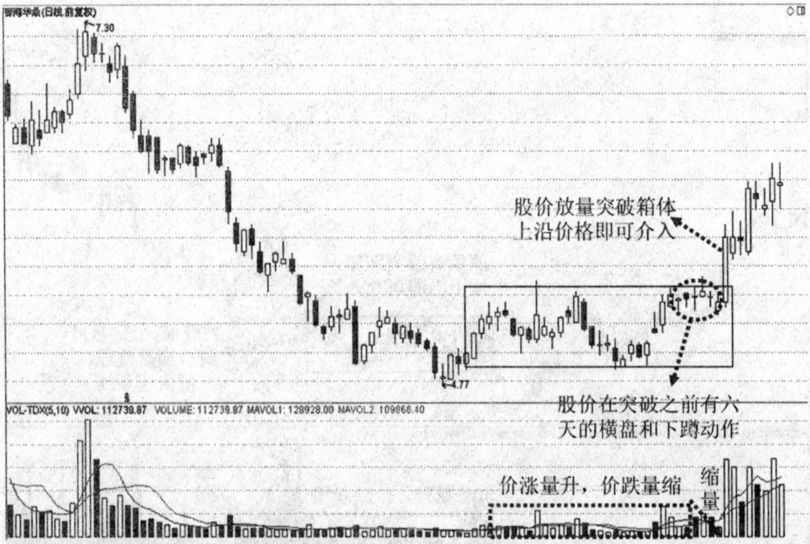
7.30
股价放量突破箱体
上沿价格即可介入
4.77
股价在突破之前有六
天的横盘和下蹲动作
VOL-TDX(5,10) VVOL: 112739.87 VOLUME: 112739.87 MAVOL1: 128928.00 MAVOL2: 109866.40
价涨量升，价跌量缩
缩
量

图68

24.55
放量突破
箱体上沿
回踩位
突破之前有两
天的短暂回调
17.55
VOL-TDX(5,10) VVOL: - VOLUME: 42770.54 MAVOL1: 57020.80 MAVOL2: 64486.30
价涨量升，价跌量缩

图69

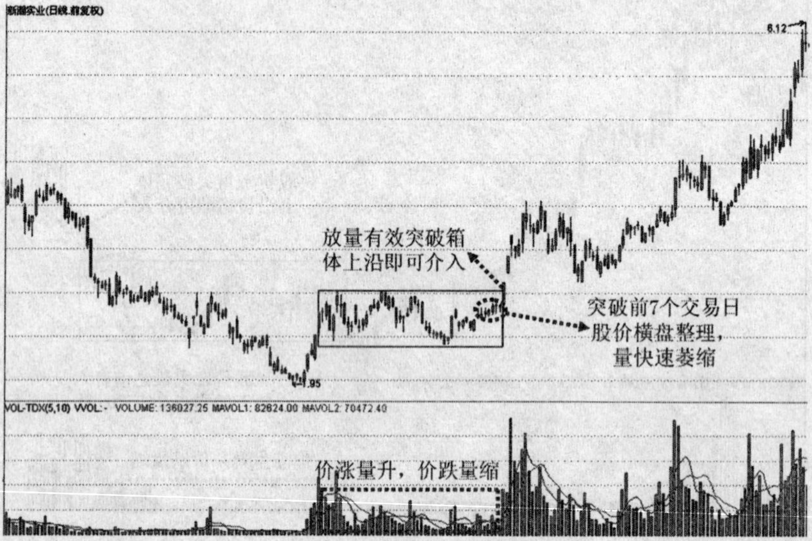
放量有效突破箱
体上沿即可介入
突破前7个交易日
股价横盘整理，
量快速萎缩
价涨量升，价跌量缩

图70

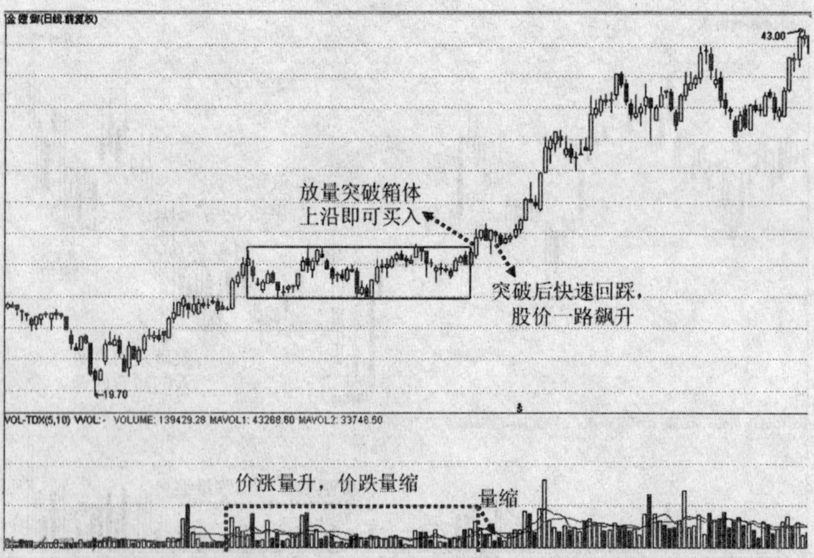
放量突破箱体
上沿即可买入
突破后快速回踩，
股价一路飙升
价涨量升，价跌量缩
量缩

图71

图67至图71这五张图片分析的是箱体突破买入法。这五张图片主要描述的是当股价进行箱体运行时主力的目的。而大底回升模型中的箱体一般是股价经过一段长期下跌之后出现的，所以大多数都是主力在吸筹。在量价配合方面表现为价涨量增、价跌量缩。同时箱体不一定是标标准准的，也可以有小幅度的变动，只要是股价在一段时间内在一定价格范围内的波动即可。并且箱体突破和回踩一般都是孪生兄弟，往往突破之后都会有回踩来确认突破的有效性。同时，突破那一天一定是放量上行，无量的突破切记不能介入，因为无量突破往往是诱多。

箱体突破分析完之后，我们再进行三角形、下降趋势、双底、头肩底和圆弧底突破位买入法的案例分析。详见图72至图79。

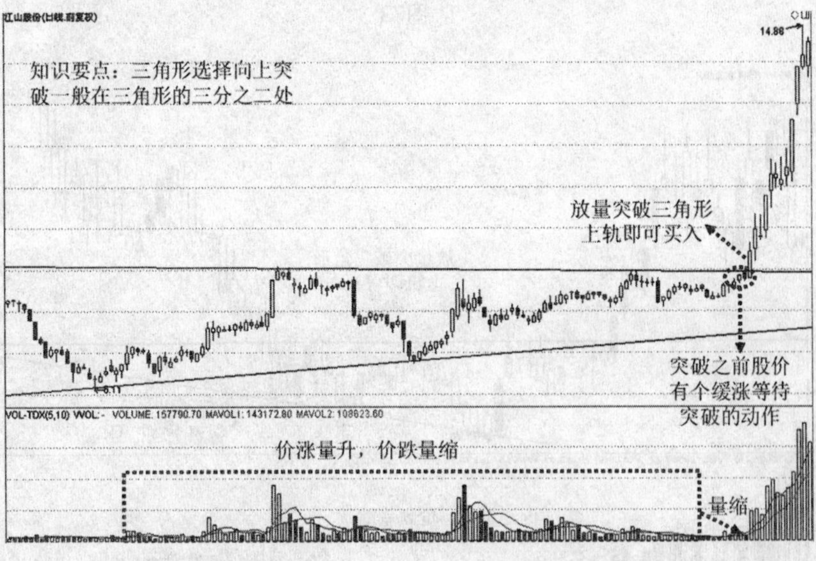

图72

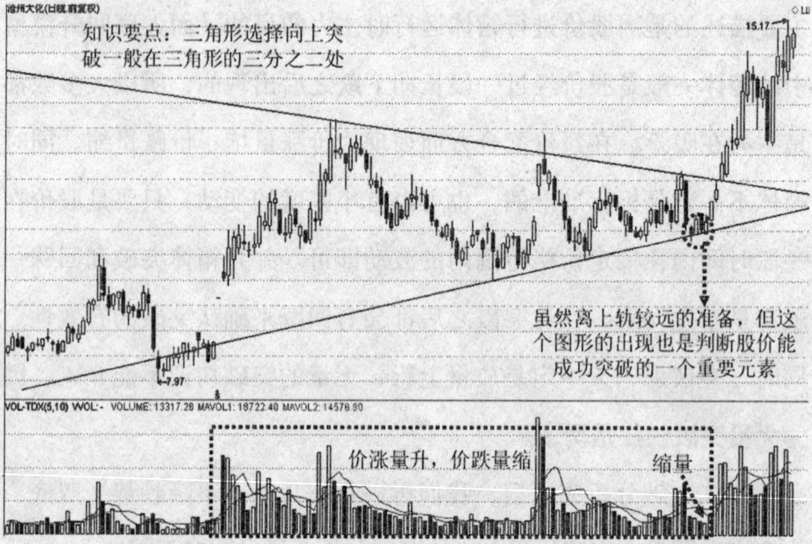
沧州大化(日线,前复权)
知识要点：三角形选择向上突破一般在三角形的三分之二处
15.17
7.97
虽然离上轨较远的准备，但这个图形的出现也是判断股价能成功突破的一个重要元素
VOL-TDX(5,10) VVOL: - VOLUME: 13317.28 MAVOL1: 18722.40 MAVOL2: 14576.90
价涨量升，价跌量缩
缩量

图73

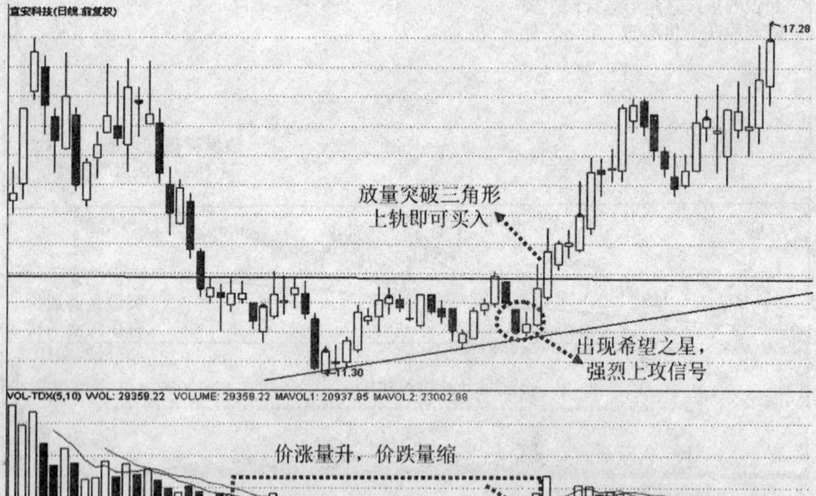
宜安科技(日线,前复权)
17.28
放量突破三角形上轨即可买入
出现希望之星，强烈上攻信号
11.30
VOL-TDX(5,10) VVOL: 29358.22 VOLUME: 29358.22 MAVOL1: 20937.85 MAVOL2: 23002.88
价涨量升，价跌量缩

图74

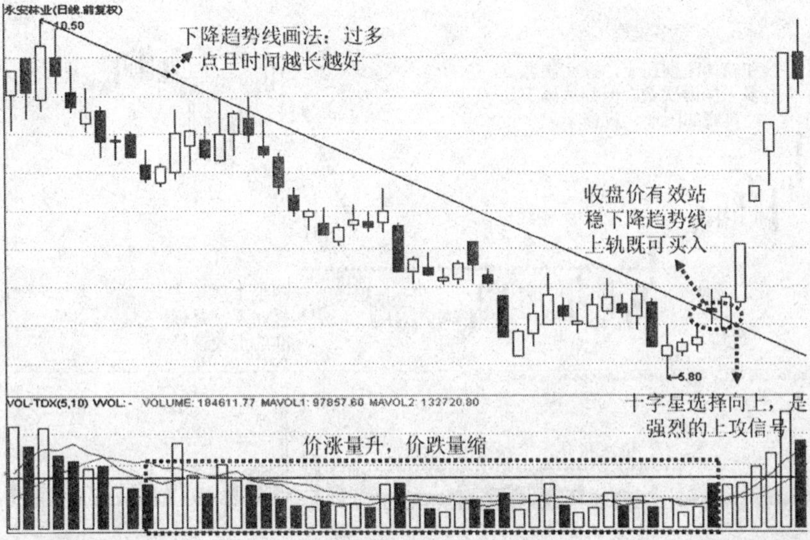
永安林业(日线,前复权)
10.50
下降趋势线画法：过多点且时间越长越好
收盘价有效站稳下降趋势线上轨既可买入
5.80
VOL-TDX(5,10) VVOL: - VOLUME: 184611.77 MAVOL1: 97857.60 MAVOL2: 132720.80
十字星选择向上，是强烈的上攻信号
价涨量升，价跌量缩

图75

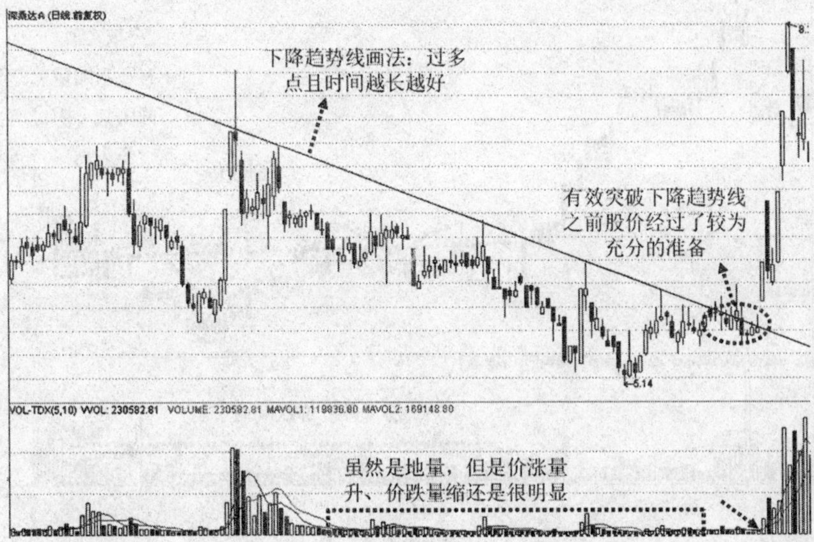
深桑达A(日线,前复权)
下降趋势线画法：过多点且时间越长越好
有效突破下降趋势线之前股价经过了较为充分的准备
5.14
VOL-TDX(5,10) VVOL: 230582.81 VOLUME: 230582.81 MAVOL1: 119838.80 MAVOL2: 169148.80
虽然是地量，但是价涨量升、价跌量缩还是很明显

图76

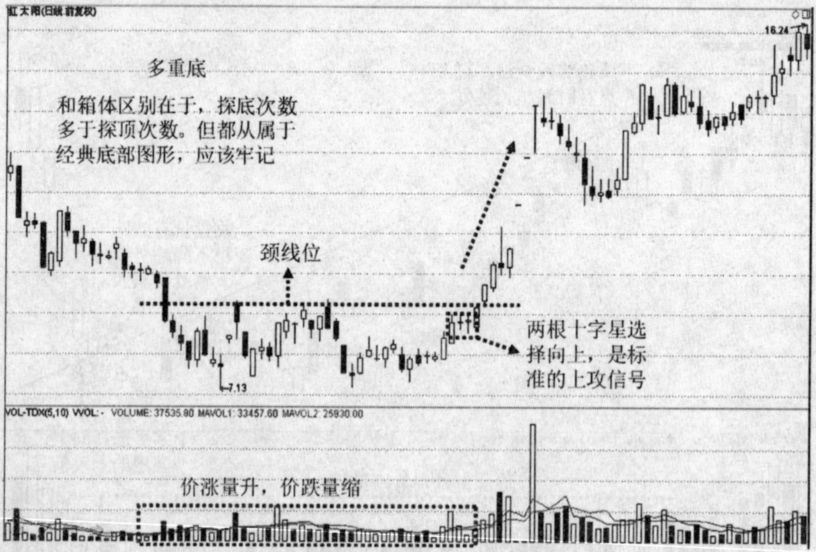
红太阳(日线 前复权)
16.24
多重底
和箱体区别在于，探底次数
多于探顶次数。但都从属于
经典底部图形，应该牢记
颈线位
两根十字星选
择向上，是标
准的上攻信号
7.13
VOL-TDX(5,10) VVOL: - VOLUME: 37535.80 MAVOL1: 33457.60 MAVOL2: 25830.00
价涨量升，价跌量缩

图77

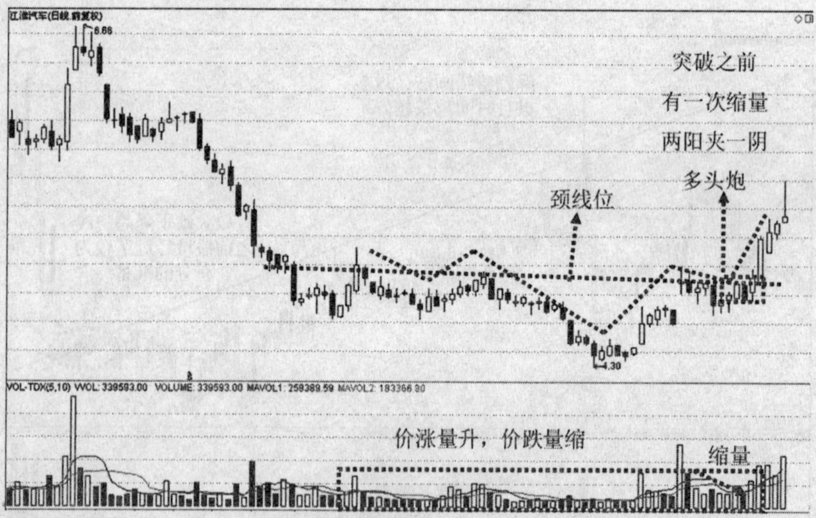
江淮汽车(日线 前复权)
6.68
突破之前
有一次缩量
两阳夹一阴
多头炮
颈线位
4.30
VOL-TDX(5,10) VVOL: 339593.00 VOLUME: 339593.00 MAVOL1: 258389.59 MAVOL2: 183366.30
价涨量升，价跌量缩
缩量

图78

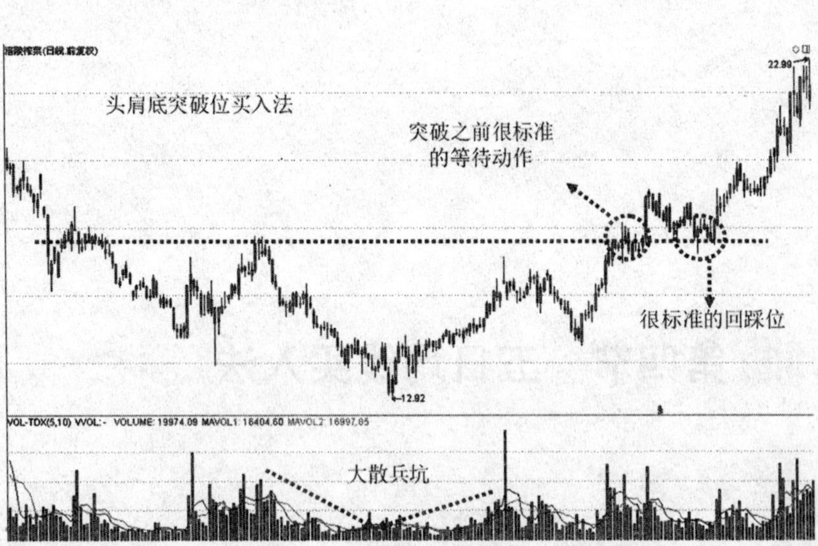

图79

图72至图79这八张图片对市场底部图形的突破位进行了描述，和箱体突破大致相似，一般在突破之前有以下几个特征：

1. 有一个短暂横盘或者短暂回调。

这个动作是为了蓄势。因为只有蓄势好了才能有效突破，上涨动能才够充足，这样上涨空间也会比较充足。蓄势突破后的股票可以不回踩，而从远处突破的股票往往需要回踩。

2. 在蓄势的动作背后成交量是萎缩的，特别是下跌的量能会出现极度萎缩。

3. 出现的位置一般在离前期高点不远处。

4. 突破时量能必须有效放大。

突破买入法是相对适当追高的买入法，若是这个买入法把握得比较好，所选股票的上涨速度往往更快一些，一旦带量突破即可闪电买入。

第四节　五日均线买入法

五日均线买入法也叫顺势买入法。在大底回升模型中，这个买入法适合的情况是：当错过了回踩位买入法，错过了下轨买入法，错过了突破位买入法时，股价已经走出了底部图形且形成了比较好的上涨趋势时候运用。这个买入法简单、易学且实用。

五日均线买入法需满足以下几个条件才可买入：

1. 股价走出了多头排列，一般表现为在日线级别，至少有三条以上均线呈现多头排列。周线级别K线图上显示上涨动能较为充足。这一点就叫顺势而为。

2. 成交量近期比较均匀或者温和放大。这一点表示上涨趋势得到了市场上的一致认同。

3. 日线图形上阳线明显多于阴线。这一点表示近期多头热情明显高于空头热情。

下面我们通过图80至图84来讲解这一买入法在实战中的注意事项。

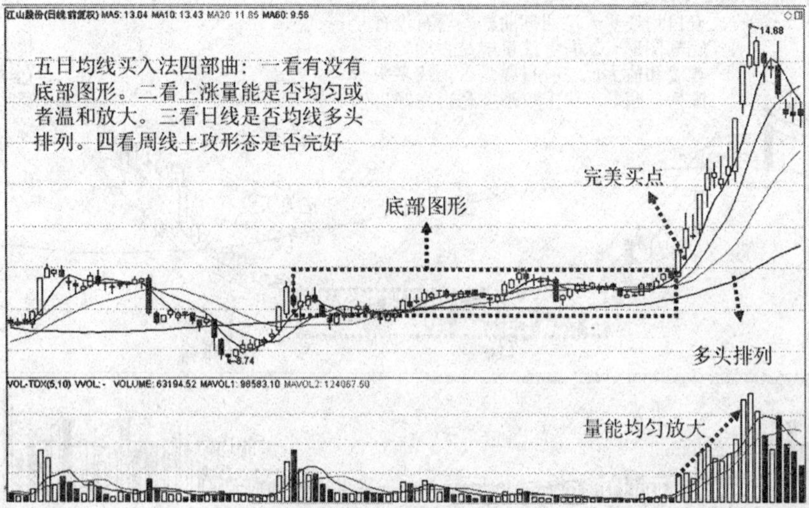
江山股份(日线,前复权) MA5: 13.04 MA10: 13.43 MA20 11.85 MA60: 9.56
五日均线买入法四部曲：一看有没有底部图形。二看上涨量能是否均匀或者温和放大。三看日线是否均线多头排列。四看周线上攻形态是否完好
14.88
完美买点
底部图形
8.74
多头排列
VOL-TDX(5,10) VVOL: - VOLUME: 63194.52 MAVOL1: 98583.10 MAVOL2: 124067.50
量能均匀放大

图80

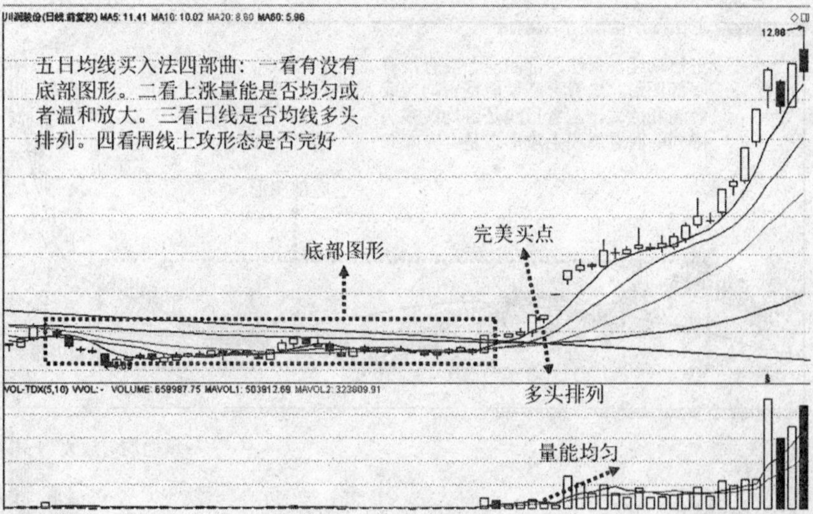
MA5: 11.41 MA10: 10.02 MA20: 8.60 MA60: 5.96
五日均线买入法四部曲：一看有没有底部图形。二看上涨量能是否均匀或者温和放大。三看日线是否均线多头排列。四看周线上攻形态是否完好
12.88
完美买点
底部图形
多头排列
VOL-TDX(5,10) VVOL: - VOLUME: 658987.75 MAVOL1: 503912.69 MAVOL2: 323809.91
量能均匀

图81

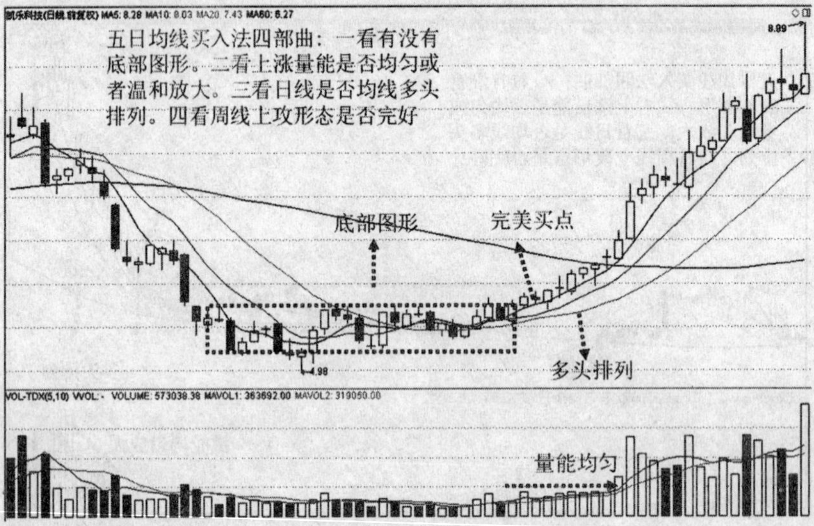
五日均线买入法四部曲：一看有没有底部图形。二看上涨量能是否均匀或者温和放大。三看日线是否均线多头排列。四看周线上攻形态是否完好
底部图形
完美买点
多头排列
量能均匀
8.99
4.98

图82

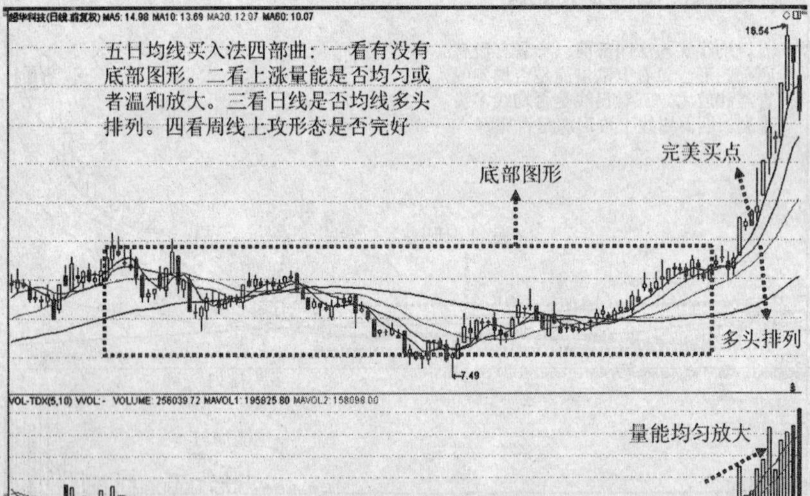
五日均线买入法四部曲：一看有没有底部图形。二看上涨量能是否均匀或者温和放大。三看日线是否均线多头排列。四看周线上攻形态是否完好
完美买点
底部图形
多头排列
量能均匀放大
16.54
7.49

图83

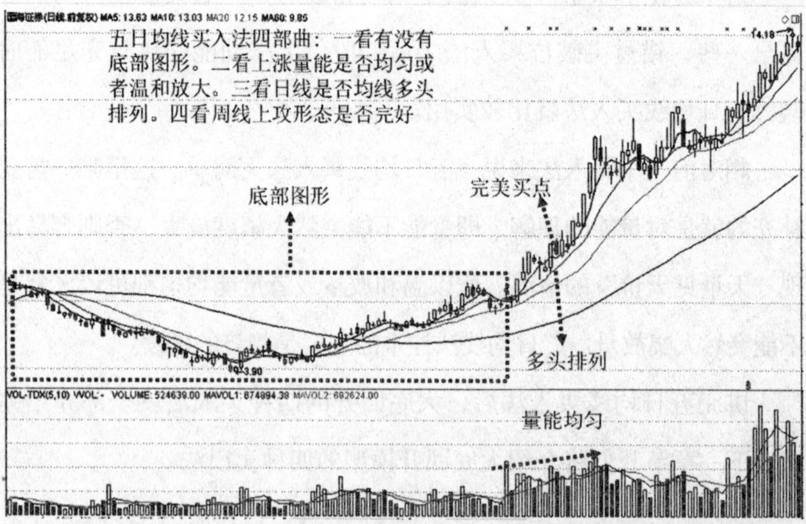

图84

图80至图84这五张图片描述的是五日均线买入法。其中里面阐述了五日均线买入法低位四部曲：一看有没有底部图形；二看上涨量能是否均匀或者温和放大；三看日线是否均线多头排列；四看周线上攻形态是否完好。

通过以上五个图片案例，我们可以得出一个简单结论：五日均线买入法一般用在一只股票较大幅度放量之后，底部图形又比较扎实时。沿着股价五日均线附近即可买入，切记五日均线和买入那天收盘价有很大关系，所以在买入时一般会高于五日均线。当五日均线和十日均线离得很近时，在五日均线或十日均线附近都可以。

五日均线主要表述的是上涨趋势较为充足的股票低吸法，使用这个方法时不能犹豫，有回落机会或者分时横盘即可买入。

这个方法和突破位买入法是相辅相成的，只是突破位买入法会更早一些。错过突破位买入法之后，股价上涨动能又比较充足的时候，五日均线买入法就比较实用。

相对前三个买入法来说，五日均线买入法更简单。这里唯一需要补充的就是对量能的理解，即量能不能突然大幅度放大，否则容易出现“天量见天价”的情况。所以温和放量或者量能均匀都可以，就是不能突然大幅放量。五日均线法注重的主要是趋势的延续。

讲完五日均线买入法后，大底回升的四种买入法就全部介绍完毕。下一章节我们将介绍大底回升模型的四种卖出法。

第六章

大底回升模型的四种卖出法

本章提示

本章主要研究大底回升模型的卖点。

关于对卖点的理解，大家耳熟能详的一句话就是：会买的是徒弟，会卖的是师傅。这一句话充分证明了卖点的重要性。在实战操作中，卖点的把握尤为重要。

卖点之所以难找，主要是因为卖点的把握需要克服人性中的贪婪，而这是一件很难的事情。再加上投资者对股市的专业知识了解不够，所以卖点的把握就变得难上加难。

在研究大底回升模型的卖点之前，我们首先来简单讲解一下，如何克服人性中的贪婪。

贪婪的反义词应该是知足，所以要有知足精神才能更好地把握卖点。台湾著名股票老师胡立阳讲过一句话：女性比男性更适合炒股的原因就在于女性比男性多了一些知足精神。下面我们看几个没有知足精神的股民卖出股票的案例，这些案例都是真实存在的，是股民亲自向作者倾诉的。

首先我们来分析一下浙江金华股民王先生在把握包钢稀土卖点

时的心理状态。

王先生在2011年2月14日买进了包钢稀土1万股，当时成交均价在65元。随后该股一路飙升至99.84元，成为2010年至2011年跨年度的大牛股。王先生心里也一片欢喜，幻想股价能冲破100元。可是股价随后一路下行。在缩水至25元时，阶段头部迹象非常明显，从量能、K线形态、波浪、市场情绪等角度都显示该股进入调整节奏。但是王先生一直在惦记获利30多万的时候，总希望等反弹后利润到达30万以上才肯出局。随后该股一路下行，2011年底，王先生以小幅亏损告别了包钢稀土这只股票。当发生亏损时，王先生的思想情绪已经变得非常不理性，最后盲目割肉出局了。

接下来我们再看看广州赵先生的亲身经历。他每次买完股票之后，第二天或多或少都有一些盈利，他自己的操作风格也喜欢短线。但是这几年总体下来，他却亏损得伤痕累累。因为每次短线获利后，他总是会幻想股票还能再涨一涨，不肯立马出手。但是股票通常马上就会进入调整阶段。而赵先生一直在怀念最高点时的利润，所以等他卖出股票的时候利润几乎没有了，大部分情况都是止损出局。一来二去，赵先生的60万元本金两年下来就变成了28万元。

通过以上两个案例我们不难发现，王先生和赵先生的知足精神显然不够。为什么这么说呢？对王先生来说，他感觉到包钢稀土头部信号形成了，但是他的贪婪让他忽略了这一点。加之技术水平不到位，导致最后亏损出局。可是如果有知足精神，他就可以这样分析这个问题：就算包钢稀土99.84元时不是头部，我已经赚了20多万，后面就算涨上去了我也不再看了；不做股票的人也一样能幸福地生活。这样想，王先生就能实现获利。再看赵先生，他是短线风格，所以应一有利润就跑，不能犹豫不决。犹豫不决的思想来源就是贪婪，犹豫不决就会导致卖点把握不好，这是短线操作十分忌讳的。而有了知足精神，卖出时就会变得果断。因为知足后，想法就是：反正我有获利，我已经很满足了，所以卖出时候压力就会小很多。而一旦没有压力时，人做的抉择往往是正确的。所以我们强调在卖出股票的时候一定要有知足精神。

为了更好地落实知足精神，建议大家在卖出时候，还要养成另外一种思维习惯，即在卖出股票时候，不能想涨了怎么办，我是不是会少赚钱；而要要想跌了怎么办，跌下去就会导致本金亏损。只有当卖出股票时候你想跌了怎么办时，你的卖出才会变得果断。再加上知足精神，卖出股票时的正确思维就建立了。

仅有正确的思维对于卖点的把握也是远远不够的，因为仅有正确的思维只是纸上谈兵，还远远不能应付实战操作。所以我们还需要结合大底回升模型来找到四个卖点。

大底回升模型总共介绍了四个卖点，或者说四种卖出法。

1. 压力位卖出法。

这一卖出法可以结合量能和筹码分析来判断。

2. 高位长下影线和天量见天价卖出法。

这一卖出法必须结合市场情绪、阳线大小来及涨跌幅度来判断。二者放在一起讨论主要是因为它们都是讲求在市场情绪出现亢奋时卖出，它们都是通过单一K线和单一量能来判断的。

3. K线形态或K线组合卖出法。

当股价创新高或者出现一段涨幅后，K线形态或组合上出现头部信号时必须卖出。判断K线形态或组合是否是头部，必须结合量能和市场情绪。

4. 5%以内盈利卖出法。

当盈利由原先超过5%获利，回到5%以内获利时，必须果断卖出手中股票。这一卖出法主要是防止股价再次回落损失本金。

下面我们分别对这四种卖出法进行详细的讲解。

第一节　压力位卖出法

下轨位买入法也叫支撑位买入法，故和买入法中的下轨位买入法相对应的就是压力位卖出法。当下轨买入法发生时，一般在卖股票时就对应采用压力位卖出法。除此之外，其他方法买入的股票也常常需要使用压力位卖出法卖出。

压力位卖出法卖出股票一般有以下几种情况：

1. 遇到箱体上沿位卖出。

2. 遇到前期放量头部高点卖出。

3. 遇到前期头部形态颈线位卖出。

4. 遇中阴线卖出。

压力位卖出法相对其他卖出法来说，要显得略微简单一些。

当然要判断一个位置是否有压力或者说压力有多大，主要是通过看前期高点处成交量大小来判断，结合筹码来分析会更轻松一些。

从K线图上来看，每一次空头发力的位置都是比较重要的压力位，所以寻找空头发力位很重要。

而颈线位的判断也是压力位卖出法中比较重要的一点。

切记，压力位卖出法是波段或者短线卖出法，并不代表该股趋势已经破坏。压力位卖出法适合波段和短线投资者。

下面我们依旧通过案例来讲解压力位卖出法，详见图85至图92。

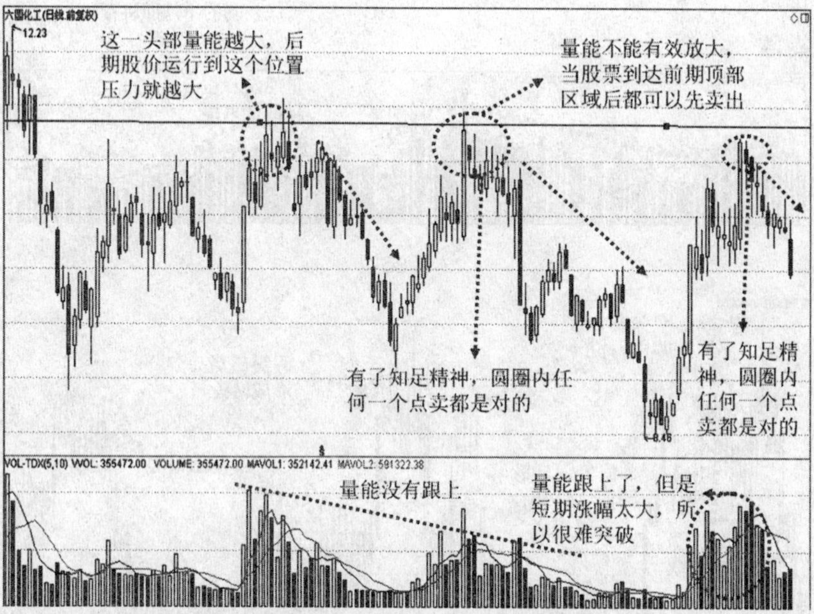

图85

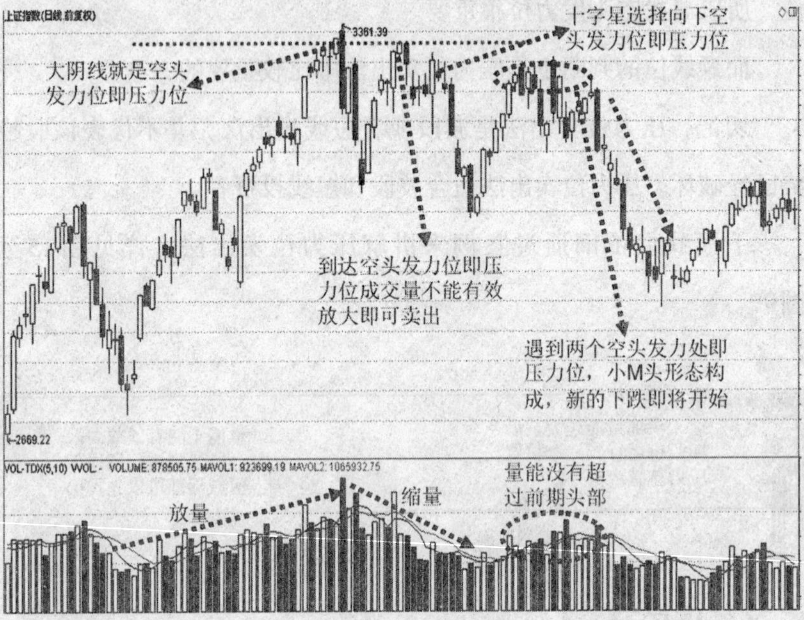
上证指数(日线,前复权)
3361.39
十字星选择向下空
头发力位即压力位
大阴线就是空头
发力位即压力位
到达空头发力位即压
力位成交量不能有效
放大即可卖出
遇到两个空头发力处即
压力位，小M头形态构
成，新的下跌即将开始
2669.22
VOL-TDX(5,10) VVOL - VOLUME: 878505.75 MAVOL1: 923699.19 MAVOL2: 1065932.75
量能没有超
过前期头部
缩量
放量

图86

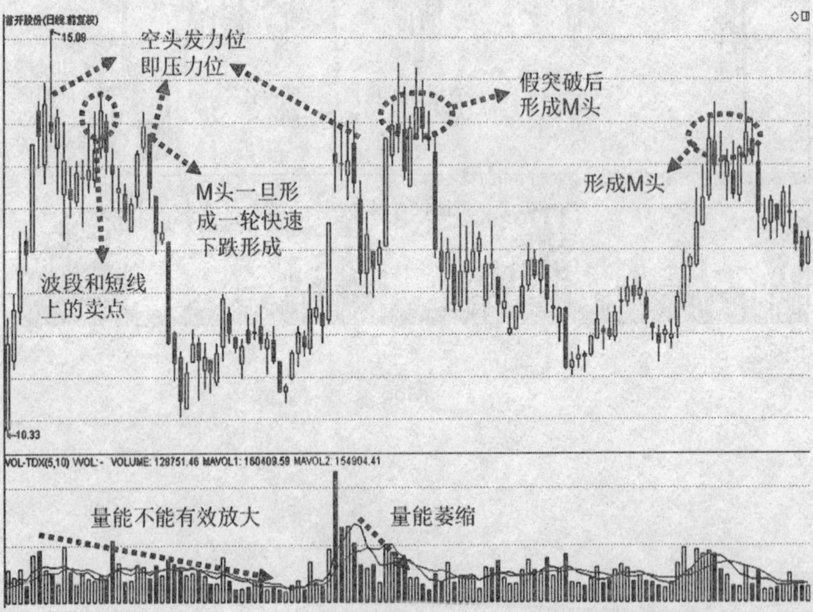
普开股份(日线,前复权)
15.09
空头发力位
即压力位
假突破后
形成M头
M头一旦形
成一轮快速
下跌形成
形成M头
波段和短线
上的卖点
10.33
VOL-TDX(5,10) VVOL - VOLUME: 128751.46 MAVOL1: 160409.59 MAVOL2: 154904.41
量能不能有效放大
量能萎缩

图87

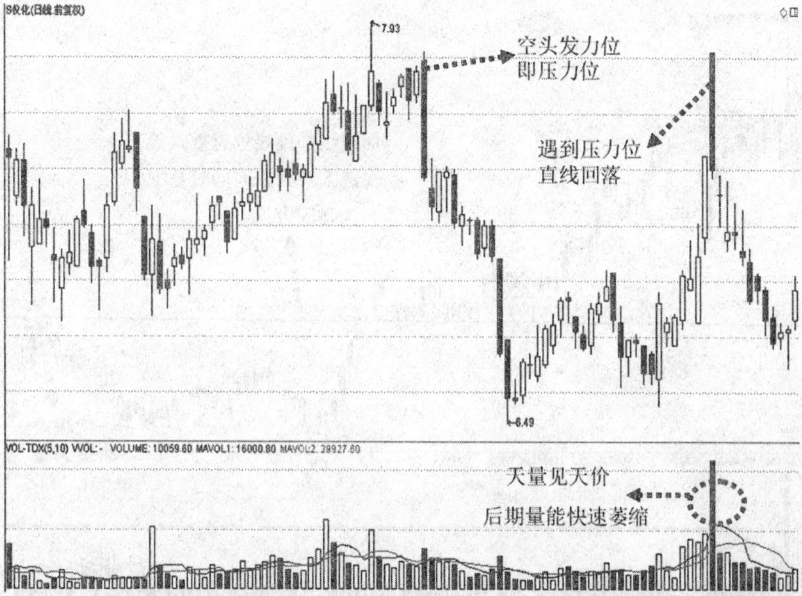
S仪化(日线 前复权)
7.93
空头发力位
即压力位
遇到压力位
直线回落
6.49
VOL-TDX(5,10) VVOL:- VOLUME: 10059.60 MAVOL1: 16000.80 MAVOL2: 29927.60
天量见天价
后期量能快速萎缩

图88

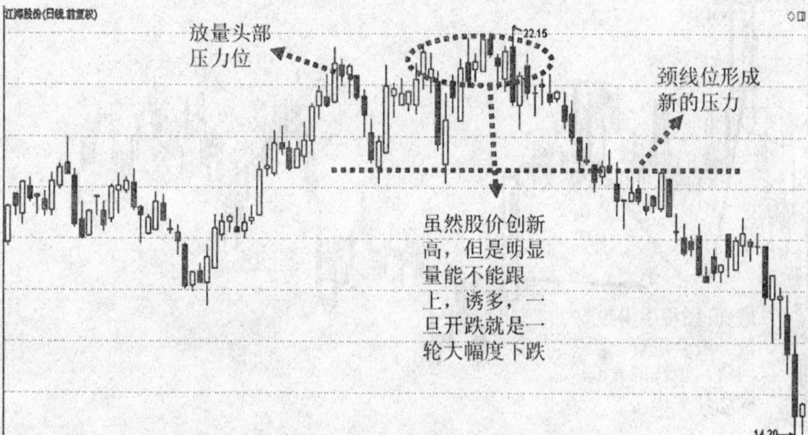
江苏股份(日线 前复权)
放量头部
压力位
22.15
颈线位形成
新的压力
虽然股价创新
高，但是明显
量能不能跟
上，诱多，一
旦开跌就是一
轮大幅度下跌
14.20
VOL-TDX(5,10) VVOL:- VOLUME: 32810.46 MAVOL1: 27923.10 MAVOL2: 18829.00
量能明
显萎缩

图89

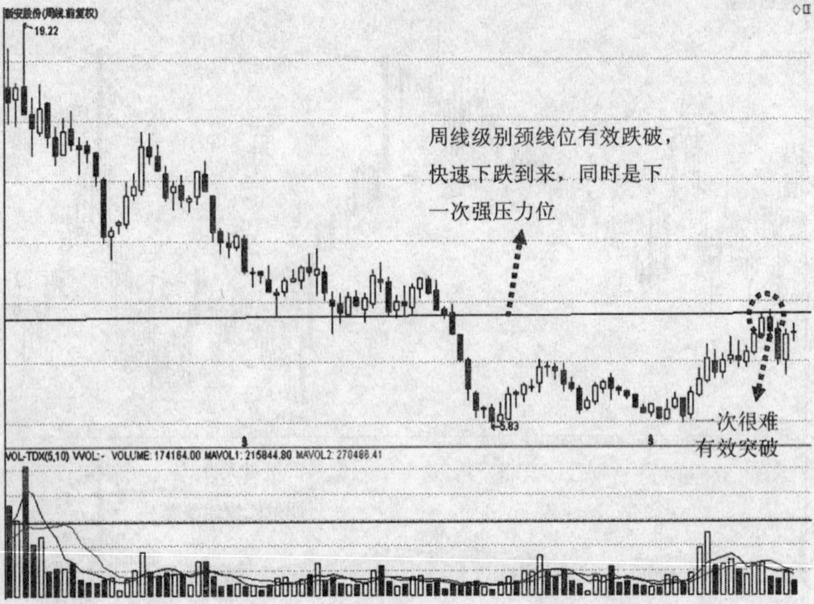
新安股份(周线,前复权)
19.22
周线级别颈线位有效跌破，
快速下跌到来，同时是下
一次强压力位
5.83
一次很难
有效突破
VOL-TDX(5,10) VVOL: - VOLUME: 174164.00 MAVOL1: 215844.80 MAVOL2: 270486.41

图90

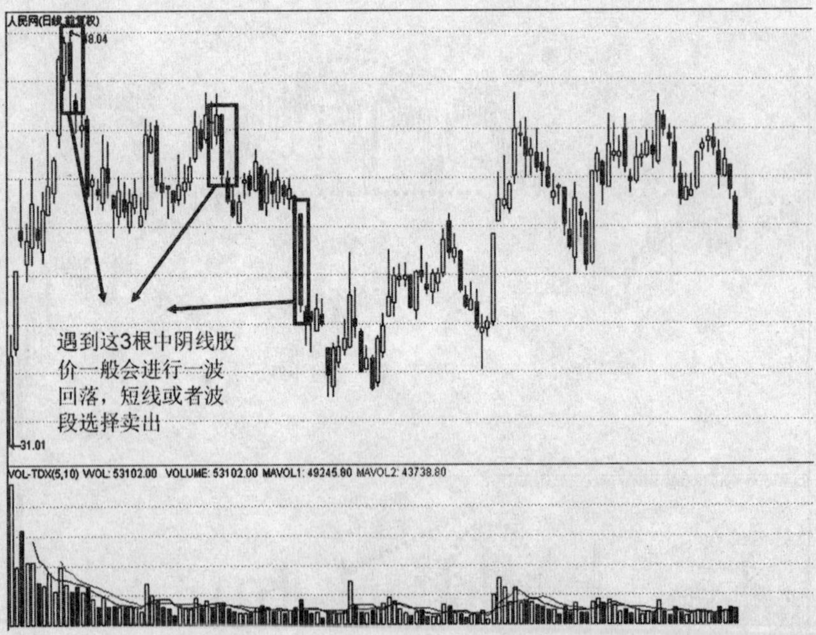
人民网(日线,前复权)
48.04
遇到这3根中阴线股
价一般会进行一波
回落，短线或者波
段选择卖出
31.01
VOL-TDX(5,10) VVOL: 53102.00 VOLUME: 53102.00 MAVOL1: 49245.80 MAVOL2: 43738.80

图91

图92是通过图形，总结的压力位卖出法的原理。看懂了这个图形，本节介绍的内容就基本掌握了。

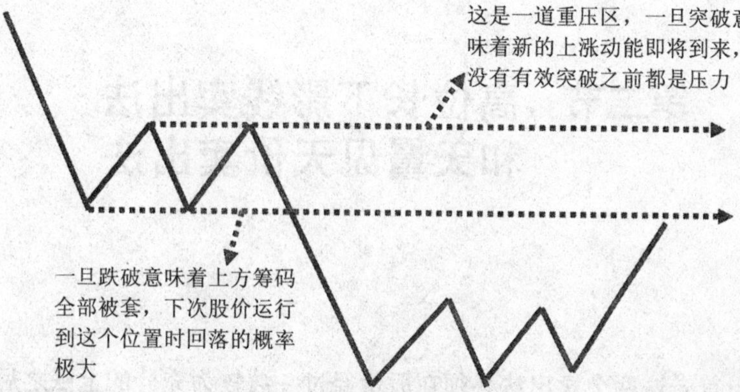

图92

第二节 高位长下影线卖出法和天量见天价卖出法

首先这两个卖出法必须在股价经过一波较为充分的上涨之后，在K线图上表现为连续出现大阳线、股价上涨角度非常大，市场看涨情绪非常亢奋时使用。出现以上三种情况，然后再遇到长下影线或者遇到天量，这个时候卖出，往往股票卖出价格会是历史高位或者阶段性的高位。这两个卖出法的主要原理如下：

1. 高位长下影线卖出法。这个原理在于，长下影线的出现表示市场空头已经进行了一次发力，被亢奋的多头收了回去。这是潜在的风险，因为说明市场空头力量在积聚，这个时候卖出股票往往卖在较高处。

2. 天量见天价卖出法。这个原理在于，天量意味着多空双方分歧较大，市场看多和看空的人都比较多。当股价在高位这种情况时，往往意味着多头用尽了所有的兵力对空头发起进攻。这个位置空头的力量非常强大，而前期又有较大幅度上涨，此时卖出手中股票往往卖在较高位。

下面我们照旧通过案例来讲解这个卖出法，详见图93至图98。

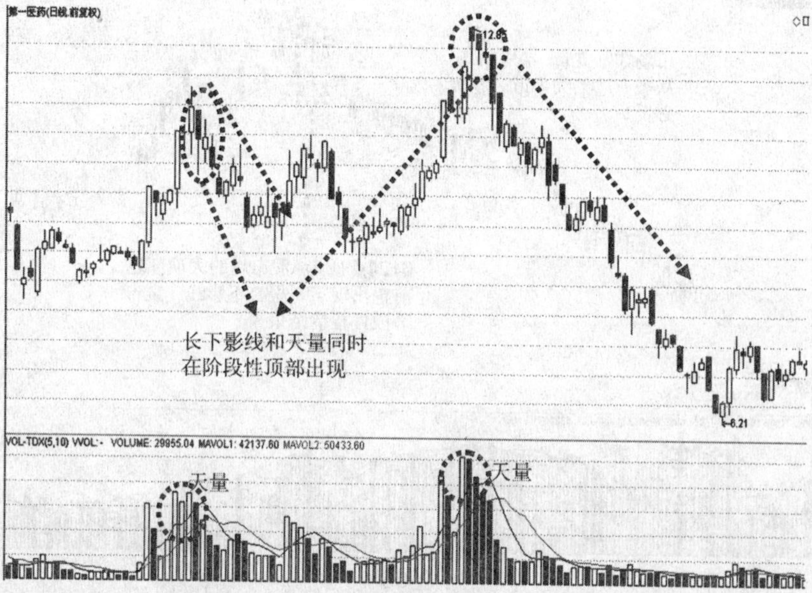
第一医药(日线,前复权)
12.8
长下影线和天量同时
在阶段性顶部出现
6.21
VOL-TDX(5,10) VVOL: - VOLUME: 29955.04 MAVOL1: 42137.60 MAVOL2: 50433.60
天量
天量

图93

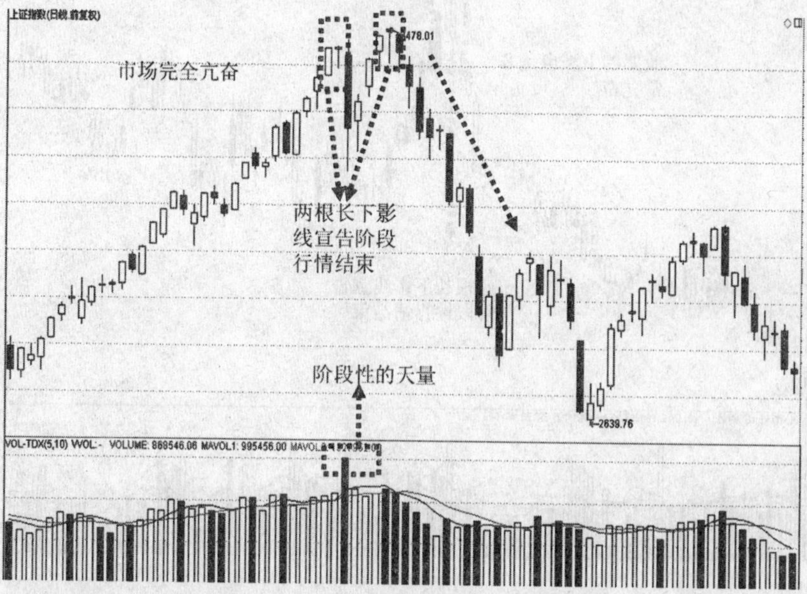
上证指数(日线,前复权)
3478.01
市场完全亢奋
两根长下影
线宣告阶段
行情结束
阶段性的天量
2639.76
VOL-TDX(5,10) VVOL: - VOLUME: 869546.06 MAVOL1: 995456.00

图94

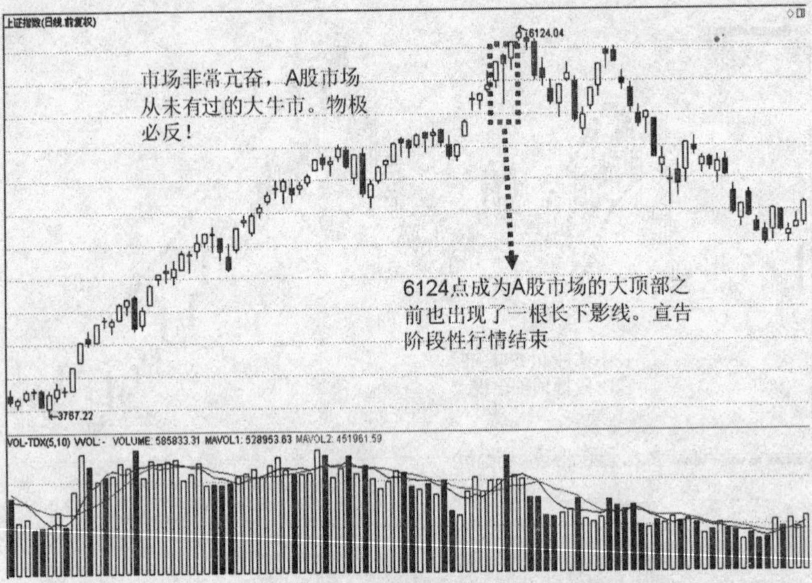
上证指数(日线,前复权)
6124.04
市场非常亢奋，A股市场从未有过的大牛市。物极必反！
6124点成为A股市场的大顶部之前也出现了一根长下影线。宣告阶段性行情结束
3787.22
VOL-TDX(5,10) VVOL:- VOLUME: 585833.31 MAVOL1: 528953.63 MAVOL2: 451961.59

图95

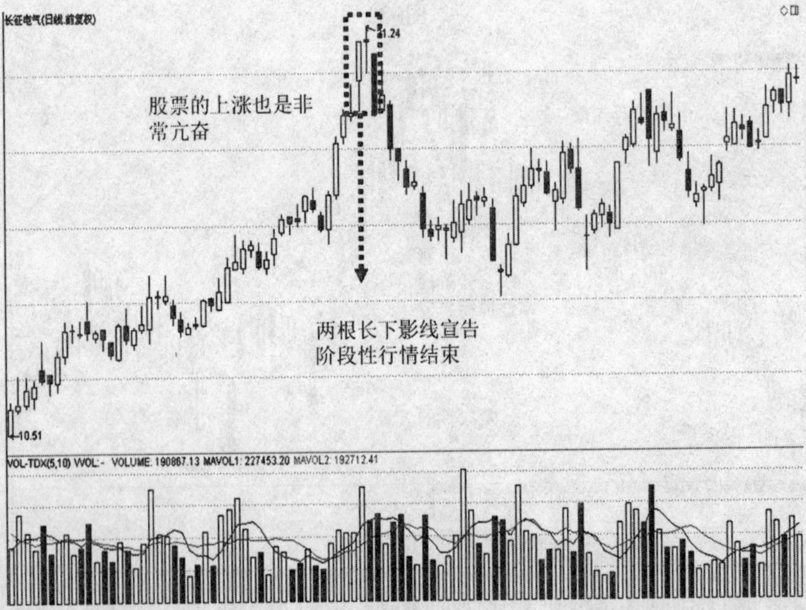
长征电气(日线,前复权)
1.24
股票的上涨也是非常亢奋
两根长下影线宣告阶段性行情结束
10.51
VOL-TDX(5,10) VVOL:- VOLUME: 190867.13 MAVOL1: 227453.20 MAVOL2: 192712.41

图96

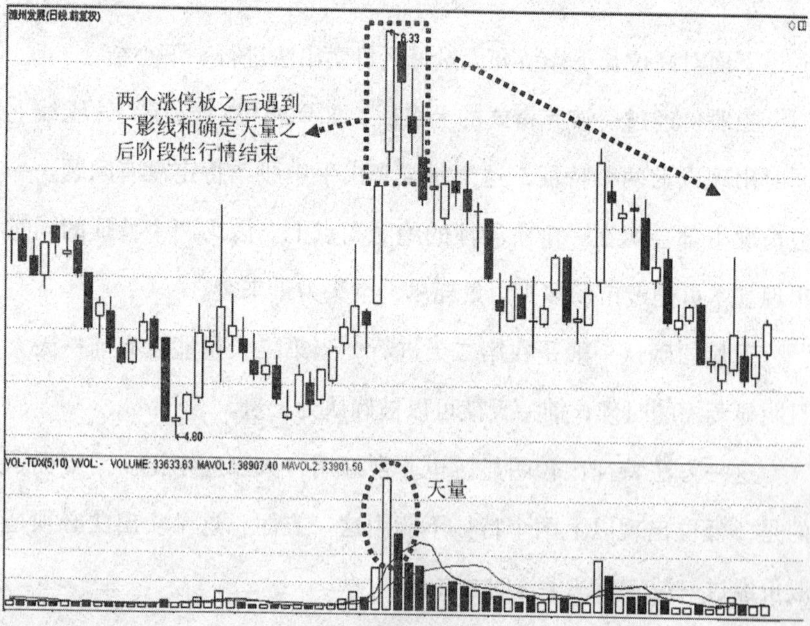
两个涨停板之后遇到
下影线和确定天量之
后阶段性行情结束
天量

图97

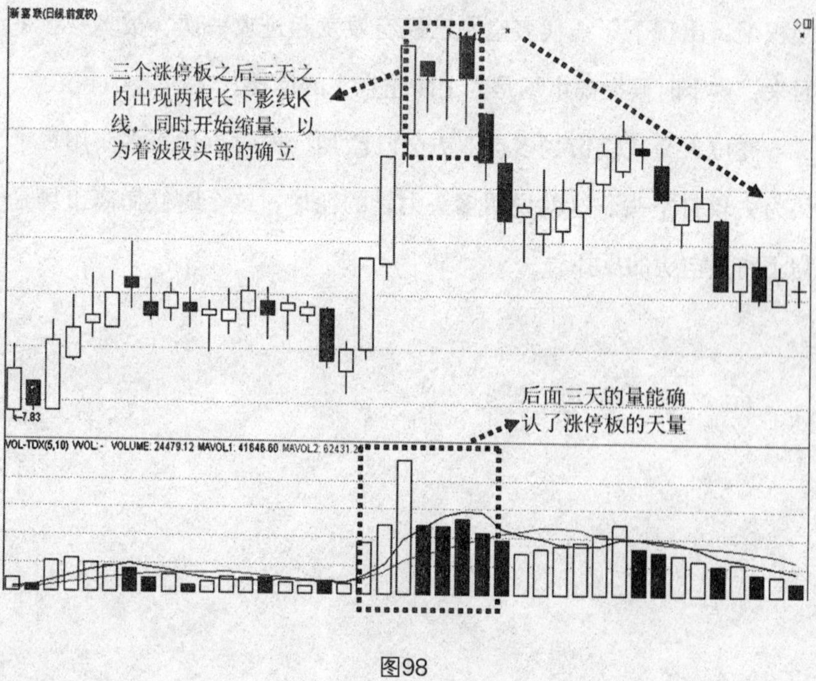
三个涨停板之后三天之
内出现两根长下影线K
线，同时开始缩量，以
为着波段头部的确立
后面三天的量能确
认了涨停板的天量

图98

下面对高位长下影线和天量见天价卖出法进行一下小结。

当股价经过一波亢奋式的上涨后，如果两根K线或者一根K线上同时出现以上两个特征，这个时候卖出手中股票肯定没有问题。一般情况下都会卖在一个阶段性的绝对高点上。因为两个特征的同时出现基本可确定市场多头力量耗尽，空头力量来袭。

天量的确认一般是在第二天进行，当第二天量能没有前一天大且明显萎缩的时候，前一天就可以被确认为天量。

这一方法特征比较明显，也非常好用，大家应牢记。需要提示的是，低位出现以上两个特征不能用这一方面，这个卖出法必须是股价经过一波亢奋式上涨时才能用。

高位下影线代表多头经过了一波连续性的上攻，空头力量在慢慢积聚，出现下影线代表空头已经有效发起进攻一次，被多头收了回来，这个时候撤离市场是为了防止空头的反扑。

高位天量代表市场多空双方分歧激烈，同时也代表多头用尽了兵力去攻打空头。这就说明多头力量的耗尽，这个时候撤离市场是为了防止空头的反扑。

第三节　K线形态或K线组合卖出法

K线形态或K线组合卖出法都属于K线结构方面的知识。K线结构的构造是这样来的：先有单根的K线，两根以上的K线组合在一起叫K线组合，两组以上的K线组合构成K线结构。K线结构从大的方面可分为上涨结构、下跌结构和横盘结构。这里的结构和趋势是一样的，所以认识顶部的K线结构非常重要。很多投资者不认识顶部K线结构，所以导致一买就买在绝对的高点或者次高点。因为高位是最能吸引大家眼球也是最能诱导大家进场的位置。

对顶部K线结构的认知非常重要。股市中真真假假、假假真真，买高位大阳线股票赚钱速度是最快的，同样买得不好亏钱速度也是最快的。所以我们一定要认清顶部结构，千万不能上了庄家的当。下面我们先从顶部K线组合讲起。详见图99。

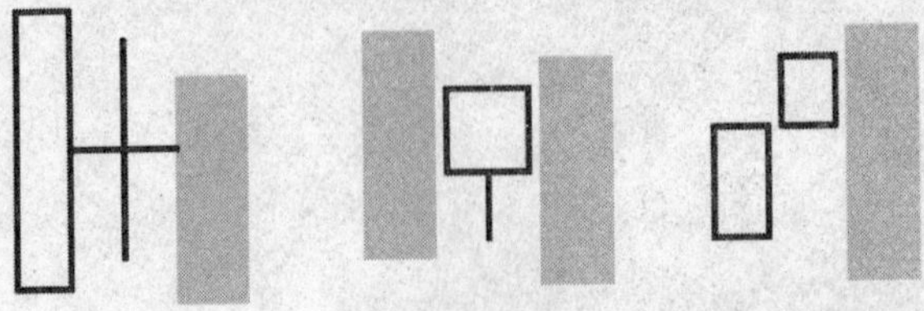

黄昏之星

股价连续三天没创新高，成交量连续萎缩。

十字星代表多空力量平衡。第三根K线代表空头获胜，新的下跌开始

空方炮

阳线不创新高，第三根K线创新低。

两阴夹一阳，量能不断萎缩，第三根K线有新低没有新高

墓碑之星

行情经过一段较长时间上涨后，阳线实体开始缩小，突然出现一根中阴线。这个时候意味空头开始反扑

三平顶

三根K线的最高点都在同一个位置，无法创出新高，量能也逐渐萎缩，意味着这个位置上涨压力非常大，第三根K线代表空头反攻

图99

以上K线组合是比较经典的顶部信号。我们不但要记住这些组合，更应该关注这些组合背后的意义。同时量能也很重要，一般顶部表现的量能是萎缩的。下面我们看看顶部K线形态，详见图100。

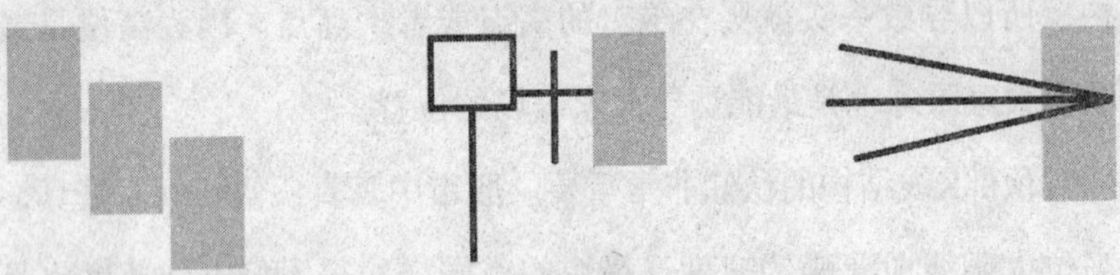

三只乌鸦

代表空头力量山雨欲来风满楼，如果下跌量能逐渐放大，这个形态出现在一波股价上涨之后，获利了结是唯一的出路

死亡之星

这三根K线出现在股价经过一波上涨之后，长下影线意味空头力量已经发起过进攻，十字星之后阴线，代表空头获胜

断头铡刀

当股价经过一波横盘整理之后，均线粘合在一起，股价一根阴线跌破多根重要均线，均线第二天空头排列，离场是唯一的出路

图100

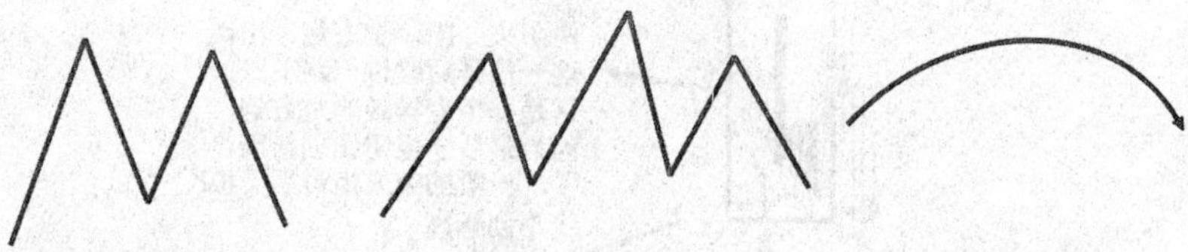

M头，形态看上去比较好理解，关键是量能，M头右边量能小于左边量能

头肩顶，头肩顶变异版有多重顶，还是量能确认，右边量能也是小于左边量能

圆弧顶也是一样，对应的量能也是右边量能小于左边量能

图101

下面我们通过案例图来具体分析顶部K线组合和K线结构的卖出法则，请看图102至图112。

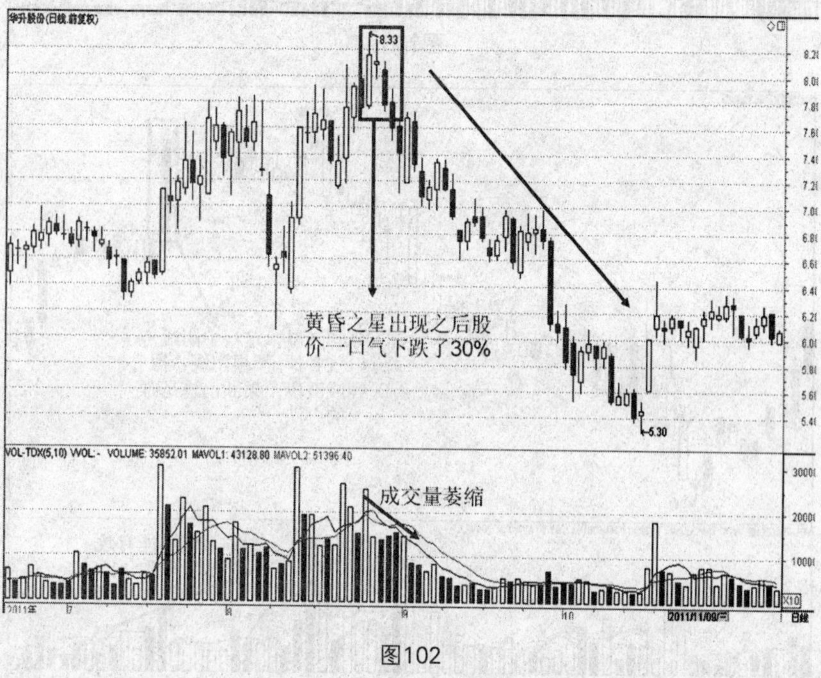

图102

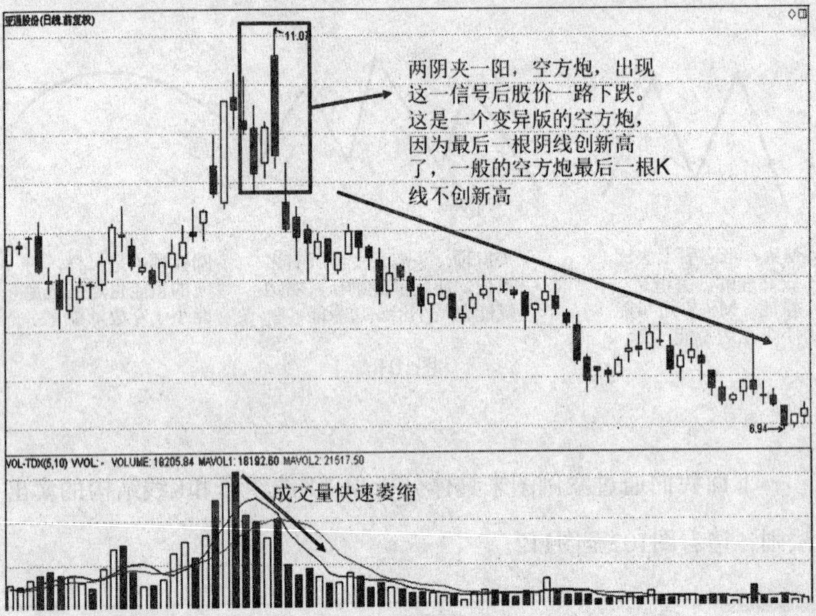
亚通股份(日线,前复权)
11.07
两阴夹一阳，空方炮，出现这一信号后股价一路下跌。这是一个变异版的空方炮，因为最后一根阴线创新高了，一般的空方炮最后一根K线不创新高
6.94
VOL-TDX(5,10) VVOL:- VOLUME: 18205.84 MAVOL1: 18192.60 MAVOL2: 21517.50
成交量快速萎缩

图103

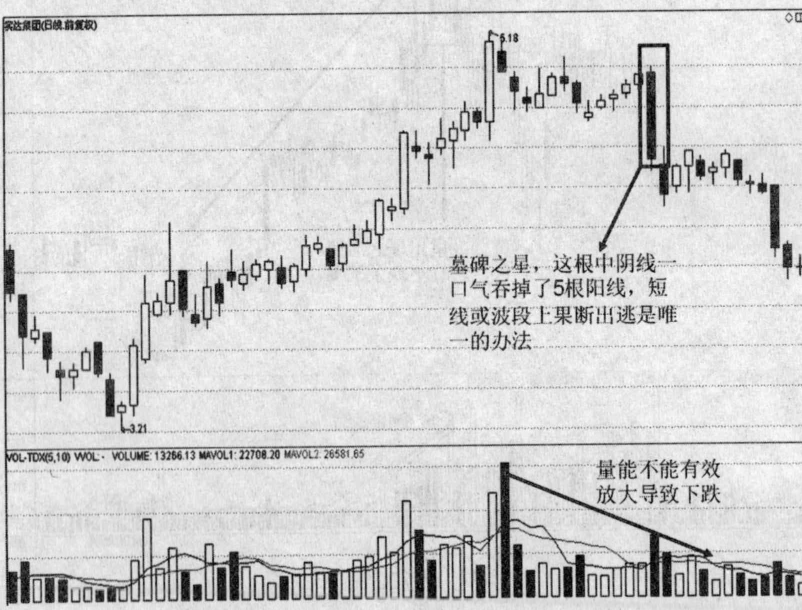
实达集团(日线,前复权)
5.18
墓碑之星，这根中阴线一口气吞掉了5根阳线，短线或波段上果断出逃是唯一的办法
3.21
VOL-TDX(5,10) VVOL:- VOLUME: 13266.13 MAVOL1: 22708.20 MAVOL2: 26581.65
量能不能有效放大导致下跌

图104

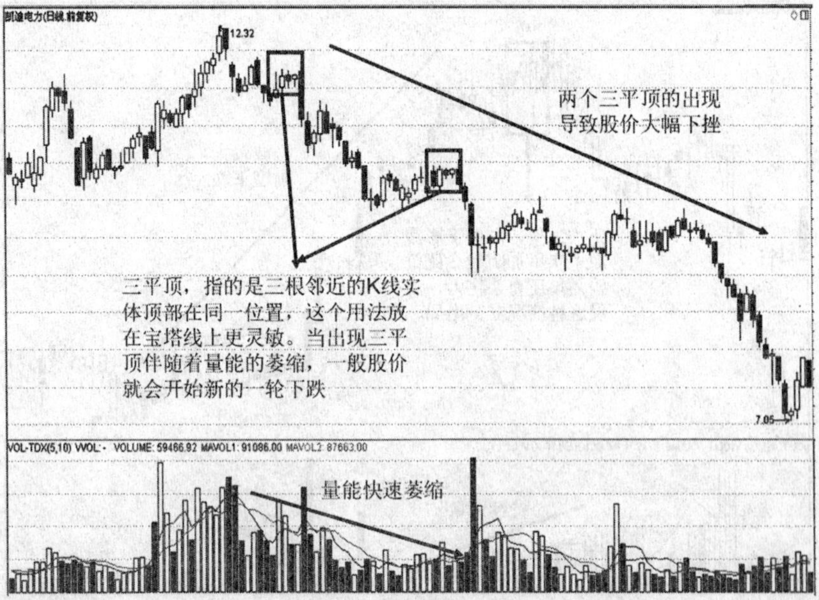
朗迪电力(日线,前复权)
12.32
两个三平顶的出现
导致股价大幅下挫
三平顶，指的是三根邻近的K线实
体顶部在同一位置，这个用法放
在宝塔线上更灵敏。当出现三平
顶伴随着量能的萎缩，一般股价
就会开始新的一轮下跌
7.05
VOL-TDX(5,10) VVOL: - VOLUME: 59466.92 MAVOL1: 91086.00 MAVOL2: 87663.00
量能快速萎缩

图105

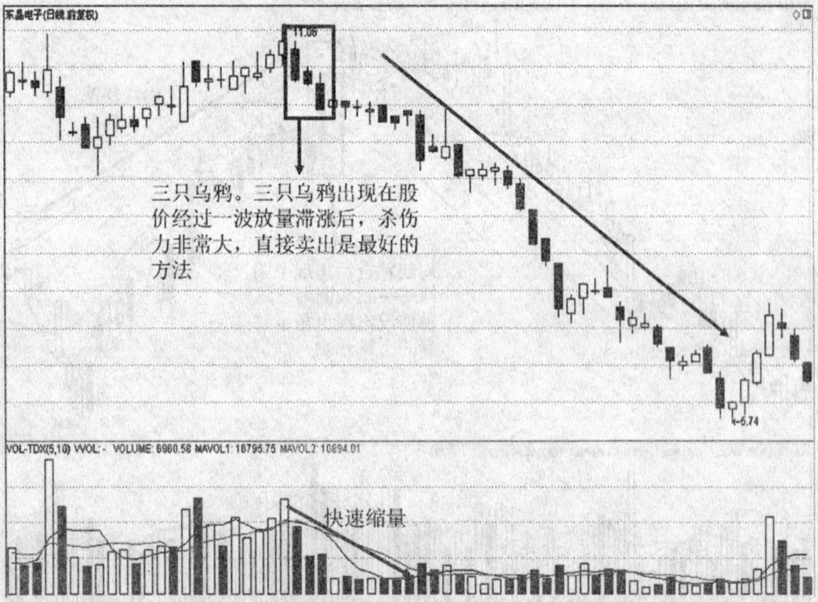
东晶电子(日线,前复权)
11.06
三只乌鸦。三只乌鸦出现在股
价经过一波放量滞涨后，杀伤
力非常大，直接卖出是最好的
方法
6.74
VOL-TDX(5,10) VVOL: - VOLUME: 6960.56 MAVOL1: 16795.75 MAVOL2: 10894.01
快速缩量

图106

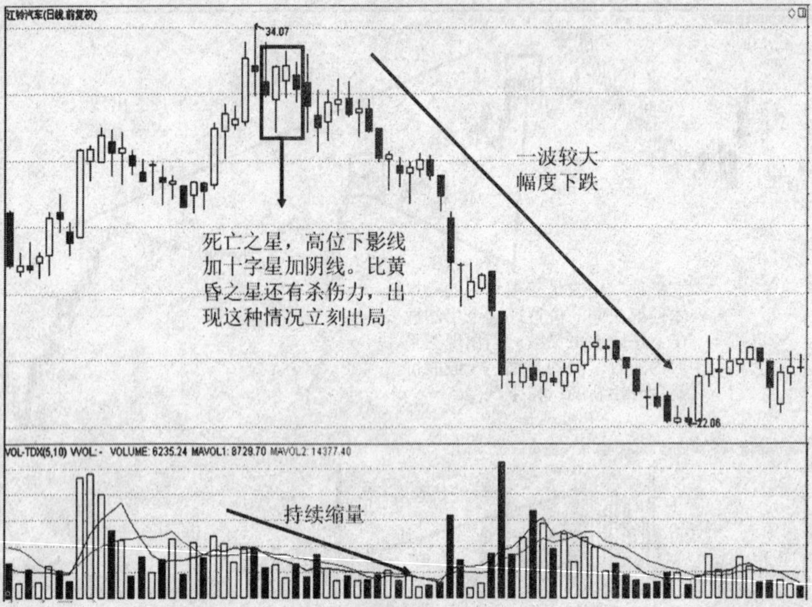
江铃汽车(日线,前复权)
34.07
一波较大
幅度下跌
死亡之星，高位下影线
加十字星加阴线。比黄
昏之星还有杀伤力，出
现这种情况立刻出局
22.06
VOL-TDX(5,10) VVOL: - VOLUME: 6235.24 MAVOL1: 8729.70 MAVOL2: 14377.40
持续缩量

图107

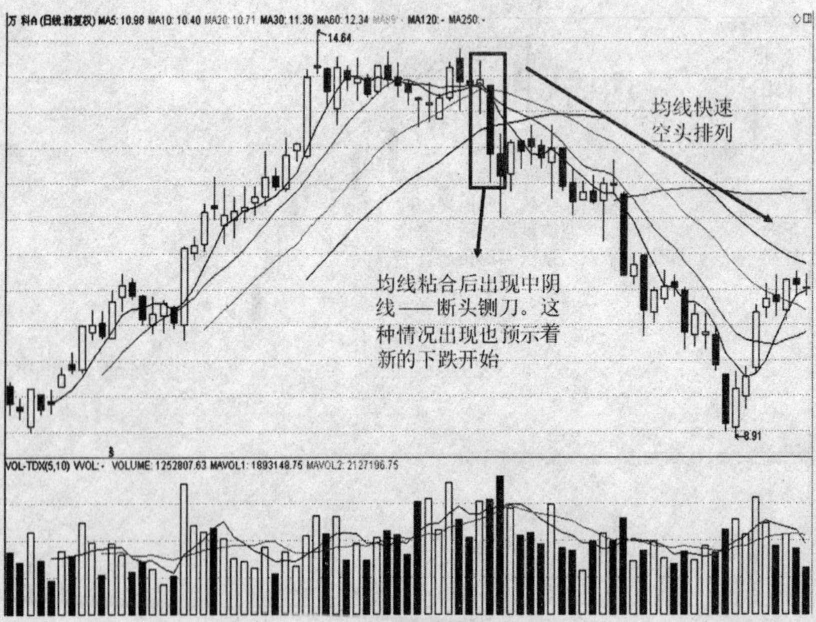
万 科A(日线,前复权) MA5: 10.98 MA10: 10.40 MA20: 10.71 MA30: 11.36 MA60: 12.34 MA120: - MA250: -
14.64
均线快速
空头排列
均线粘合后出现中阴
线——断头铡刀。这
种情况出现也预示着
新的下跌开始
8.91
VOL-TDX(5,10) VVOL: - VOLUME: 1252807.63 MAVOL1: 1893148.75 MAVOL2: 2127196.75

图108

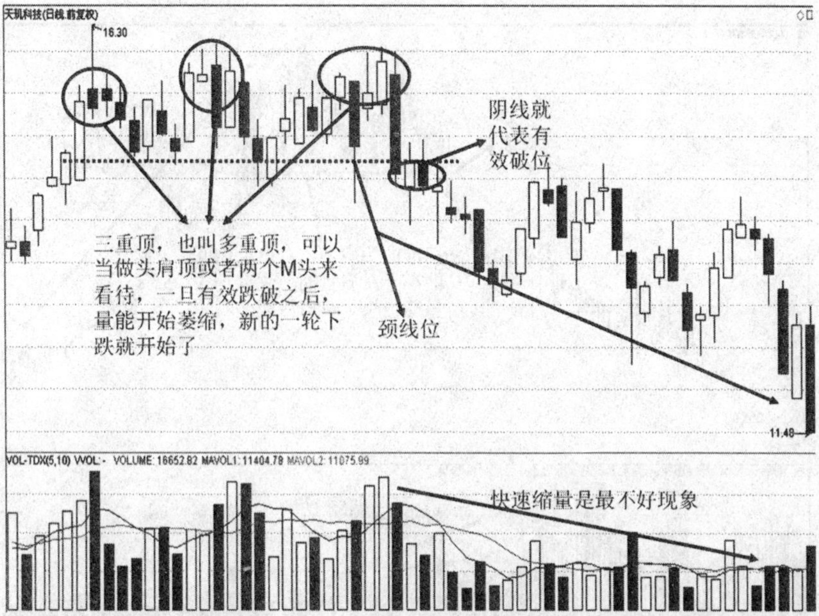

天玑科技(日线.前复权)
16.30
阴线就
代表有
效破位
三重顶，也叫多重顶，可以
当做头肩顶或者两个M头来
看待，一旦有效跌破之后，
量能开始萎缩，新的一轮下
跌就开始了
颈线位
11.48
VOL-TDX(5,10) VVOL: - VOLUME: 16652.82 MAVOL1: 11404.78 MAVOL2: 11075.99
快速缩量是最不好现象

图109

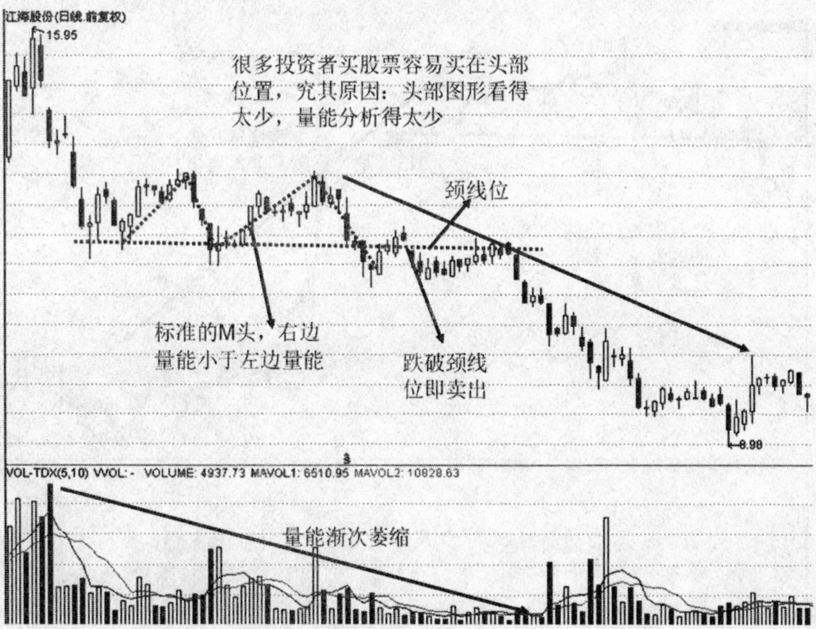

江海股份(日线.前复权)
15.95
很多投资者买股票容易买在头部
位置，究其原因：头部图形看得
太少，量能分析得太少
颈线位
标准的M头，右边
量能小于左边量能
跌破颈线
位即卖出
8.98
VOL-TDX(5,10) VVOL: - VOLUME: 4937.73 MAVOL1: 6510.95 MAVOL2: 10828.63
量能渐次萎缩

图110

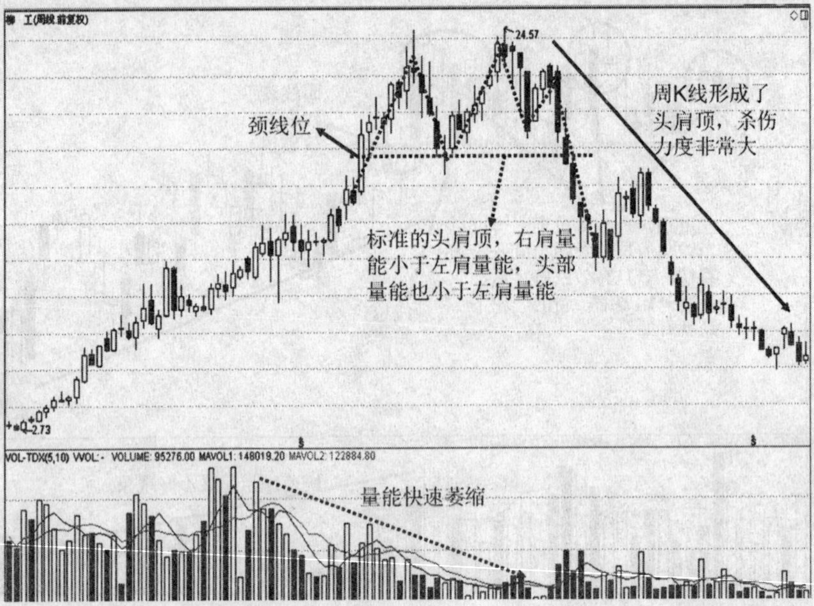
24.57
周K线形成了
头肩顶，杀伤
力度非常大
颈线位
标准的头肩顶，右肩量
能小于左肩量能，头部
量能也小于左肩量能
2.73
VOL-TDX(5,10) VVOL: - VOLUME: 95276.00 MAVOL1: 148019.20 MAVOL2: 122884.80
量能快速萎缩

图111

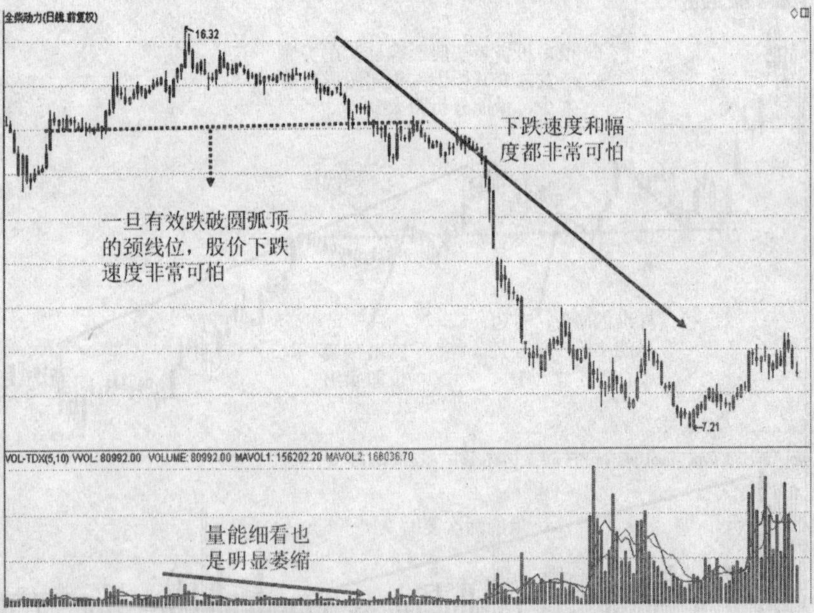
16.32
下跌速度和幅
度都非常可怕
一旦有效跌破圆弧顶
的颈线位，股价下跌
速度非常可怕
7.21
VOL-TDX(5,10) VVOL: 80992.00 VOLUME: 80992.00 MAVOL1: 156202.20 MAVOL2: 168036.70
量能细看也
是明显萎缩

图112

下面进行一下K线组合、K线形态卖出法的小结。

通过上面十一张图片，我们发现这些卖出图形里面有很多重复的内容，更有很多相通的内容，比如M头、头肩顶、圆弧底都是由两个以上的头部结构组成，只是最后形成的形态不一样而已。而在抓住K线组合的时候，要注意十字星的力量。十字星代表多空力量的平衡，一旦十字星之后是一根阴线，那么说明空头力量来袭。从七种顶部K线组合你会发现，最后一根K线一般都是阴线。最为关键的是，不管K线组合还是K线形态，它们统一表现出来的量能特征都是缩量、渐次缩量或者快速缩量。所以顶部图形除了看K线样子以外，我们更多要分析量能，一旦量能跟不上，很容易构造阶段性的顶部。

总之，大家在把握卖点的时候一定要注意结合量能来考虑。当攻击前期顶部区域的时候，若量能不能有效放大，则我们千万要谨慎，不能随便购买，上了庄家的当。要学会克制自已，多分析就不会买在高位。同理，当手中有以上形态和图形的股票时候，一定要果断出局。

另需要提醒的是，本章所说的卖出信号和卖出条件，都是从技术面分析，适合波段或短线投资者，不适合基本面派的价值投资者。大底回升模型建议股票在遇到卖出条件时先卖出，等行情走好后再买进。因为不卖出，你就无法预知下跌幅度。

第四节　5%以内盈利卖出法

这一卖出法指的是当你买入股票获利超过5%，或者最高获利超过20%，最后股价回落至获利5%以内，甚至逼近你的成本时，你必须无条件地卖出手中股票。

这个思维的建立针对的是波段和短线行为，属于止盈法，其目的就是不让操作损耗你的本金。保住本金是我们每一次操作时要提醒自己的。就算止盈后股价上涨10倍你也不要后悔，因为止盈无罪，权当你没有操作，仅此而已。毕竟生活中，很多不炒股的人也一样过得幸福快乐。有了这种心态，对于5%以内盈利卖出法你在使用时就会非常坦然。

案例分析请看图113和图114。

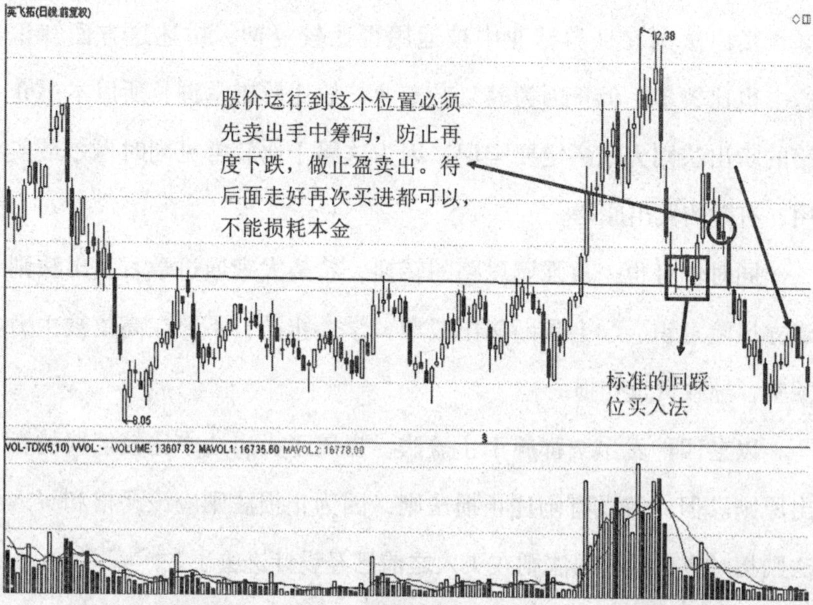
英飞拓(日线,前复权)
12.38
股价运行到这个位置必须先卖出手中筹码，防止再度下跌，做止盈卖出。待后面走好再次买进都可以，不能损耗本金
标准的回踩位买入法
8.05
VOL-TDX(5,10) VVOL: - VOLUME: 13607.82 MAVOL1: 16735.60 MAVOL2: 16778.00

图113

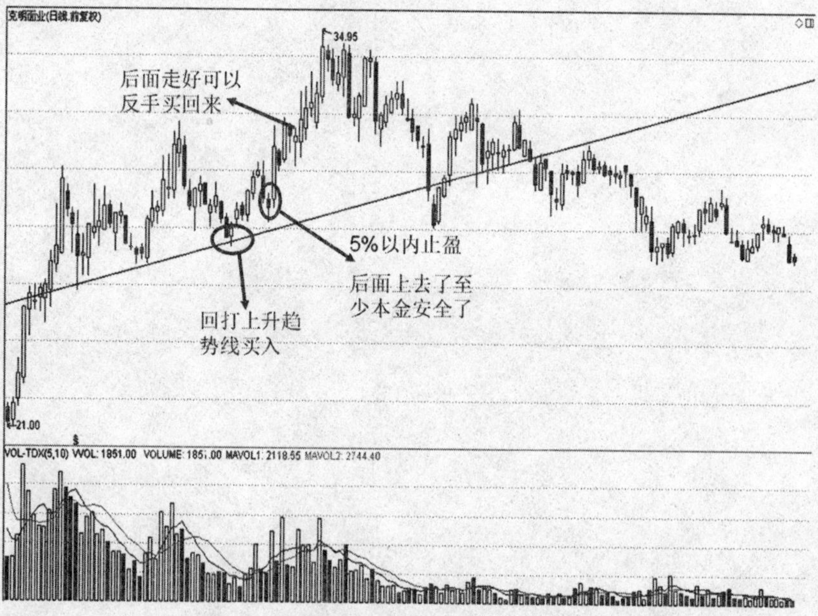
克明面业(日线,前复权)
34.95
后面走好可以反手买回来
5%以内止盈
后面上去了至少本金安全了
回打上升趋势线买入
21.00
VOL-TDX(5,10) VVOL: 1851.00 VOLUME: 1851.00 MAVOL1: 2118.55 MAVOL2: 2744.40

图114

卖出法则在证券行业中被运用得比较复杂，讲述这方面知识的书也比较多。但正因为其复杂专业，故比较难掌握，所以本书介绍的卖出法则大家一定要牢记，因为这属于比较常见同时也是最实用、有效的卖出原则。

同时作者也一直强调思路的转换，希望大家通过学习卖出法则建立风险意识，学会果断卖出股票，学会止盈，不要在高位被主力蒙骗，导致资金受损。

以上四种卖出法都属于止盈法，也属于卖出法中比较经典的卖出原则。但作者没有阐述止损法则，因为止损法则应该严格和买入法则相对应，且止损法则在买入之前已经设计进去了。

下面一章节，我们将介绍大底回升模型中的止损法则。

第七章

大底回升模型的四种止损法

本章提示

说到止损点，我相信很多投资者在这一方面都思考得甚少，或者说思考得不全面，因为这是实战操作中，最难把握的一点。说其难，主要是因为止损大范畴上属于卖出范围，而对卖出的把握就已经很难了，更何况是比卖点更难把握的止损点。卖点缩小范畴来讲，属于止盈行为。当我们的行为属于止盈的时候，心理状态就会比较正常，就算卖错了也不会有太多遗憾，因为毕竟这次投资可算作是成功的。可是止损是要你承认你的投资是错误的。就算你愿意从思想上接受自己犯了错误这个事实，可是要你接受账户缩水，就比较难了。因为每一位投资者的本金都是辛辛苦苦劳动获得的，如果连续超过两次以上都以止损告终，大部分投资者会很难接受，在心态上就输了，操作起来就更容易犯错。所以关于止损的把握，作者有三个方面内容要和大家沟通。

第一，不能操作太随意。

在这一点上，大家一定要高度重视起来。很多投资者就是因为操作太随意了，导致止损的频繁发生。一旦止损次数过多，本金的损失的就会大比例提高，要想实现投资超额收益就难上加难。

关于这一点，我们可以从生活的一些常理上去理解。古人云：言多必失，一个成功的人，多半都是谨言慎行的。同时我们也发现，未成年人之所以不成熟，是因为他们的行为随意性太强。一个不能克制自己行为的人，很难有大的作为。佛家讲到的人性的几个弱点：贪嗔痴慢疑。细细一想，里面所包含的意思其实就是克制自己的行为。只有通过克服行为处事的随意性，才能一步一步走向成功。

同理，要在风云多变、高手如云的证券市场上有一番作为，操作上我们就更加不能随意。不能通过眼睛来操作，更加不能由着自己的情绪来操作，否则我们只能被残酷的市场所消灭，而不是战胜这个市场。所以不能随意操作，是做止损工作的前提条件。

再有，要在操作上不随意，并不是要投资者在操作上优柔寡断，而是要分析清楚、认识清楚之后才能下手。没有分析清楚之前，没有看懂之前，没有计算收益风险比之前，我们的操作就不要进行。哪怕你看到没有买到的股票涨了10倍，你都不应该后悔，因为你没有分析透。如果你分析出它能涨10倍，我相信你不可能买不到。反过来说，就算这个股票能上涨10倍，你没有分析到，它的涨跌幅也与你无关。这一点大家一定要思考清楚，否则很多市场发生的现象和你发生的行为就无法理解。

所以，不管你是短线客、波段操作者还是价值投资者，认认真真分析一只股票都很重要。特别是我第三章讲到的选股工作，大家一定要做细、做精。其实不是很难，难的是大家能静下心来分析。

第二，做有把握的事情。

这一点和第一点有雷同之处。不同在于，有把握是一个模糊定义，至少它没有办法用具体标准来衡量。因为每个人的能力是不同的，知识结构也是不同的，所以他能把握的股票也是不一样的。可是，我们换个思维来思考，再结合第一点来思考，我想要做到第二点就不难了。比如，你可以不深入了解太多理论体系，你只需要寻找均线刚刚黏合，然后选择多头发散且成交量温和放大的股票去买，短线获利超过5%就考虑卖出。我想均线黏合后多头发散且成交量温和放大的股票每年都有不少，你只要做几次就可以。只要这种类型的股票是你有把握的，你的年化收益率肯定超过市场上80%以上的投资者。

同时，大家应该会发现，要做到上面这点非常之难。就好像你知道锻炼身体有好处一样，但叫你每天坚持锻炼半小时以上，也许坚持一个月很容易，坚持一年也不难，但难的是坚持一辈子。同理，要每天、每年坚持做一种类型的股票也是非常难的。

这个时候，我们若把有把握类型的股票放大到一般性和普遍性就不难了，就好像要你每天坚持吃饭是一个道理。而大底回升模型就好像吃饭一样，每天我们选取一些大底回升的股票并不难。同理，盘面很多涨停板或者连续涨停板的股票不一定是大底回升模型选出来的，但是大家只要坚持做大底回升模型选出股票，每年的收益率要超过市场上80%的投资者也是不难的。为什么要做大底回升模型？为什么要和大家讲解大底回升模型的股票？因为这是你有把握的，你能把握的。你不能把握的，就算收益再大也和你没关系，因为你把握不住，更不知道风险在哪里。

第三，把止损设计在你买入之前。

这一点非常关键。当发生的亏损在你意料之中的时候，你就不会有那么多恐慌，就不会有那么多幻想，止损就成了不那么难的一件事情。

当以上三点大家都能做到以后，在股票投资中，我们的止损次数就会快速下降。同时，当要发生止损的时候，我们就能从容地面对。如此，你在股票市场上想不赚钱都难，因为你把止损给控制好了，就意味着把风险做好了。风险控制住了，就剩下赚钱了，就能真正做到大赚小赔，在股市中实现资产复利地增长。这就是股市最大的魅力。

本章我们就会详细分析一下大底回升模型中的四个止损点，真正把止损点设计在买入之前。

既然止损点是在买入之前设计的，就必然是和买点相对应的，所以大底回升模型的四个止损点分别如下：

1. 跌破下轨支撑止损法——对应轨道下轨支撑处买入法。

2. 回到轨道止损法————对应突破位买入法。

3. 跌破轨道上轨止损法——对应回踩位买入法。

4. 跌破重要均线止损法——对应五日均线买入法。

第一节　跌破下轨支撑止损法

跌破下轨支撑止损法和上一章讲到的M头破位、头肩顶破位、圆弧顶破位有一些相通之处，但也有一些其他类型不一样。下面我们先来分析一下有哪些下轨破位是必须止损的，然后再通过案例来进行详细的分析。

1. 跌破箱体下沿止损法。

2. 跌破三角形下轨止损法。

3. 跌破上升趋势线止损法。

4. 跌破下降通道下轨止损法。

需要说明的是，下降通道时本不建议买股票，但这也是一种买入法，所以大底回升模型会提及，但不会讲解，因为这种买入法风险实在太大。

下面我们通过图示和案例来分析和设计止损点。请看图115至图120。

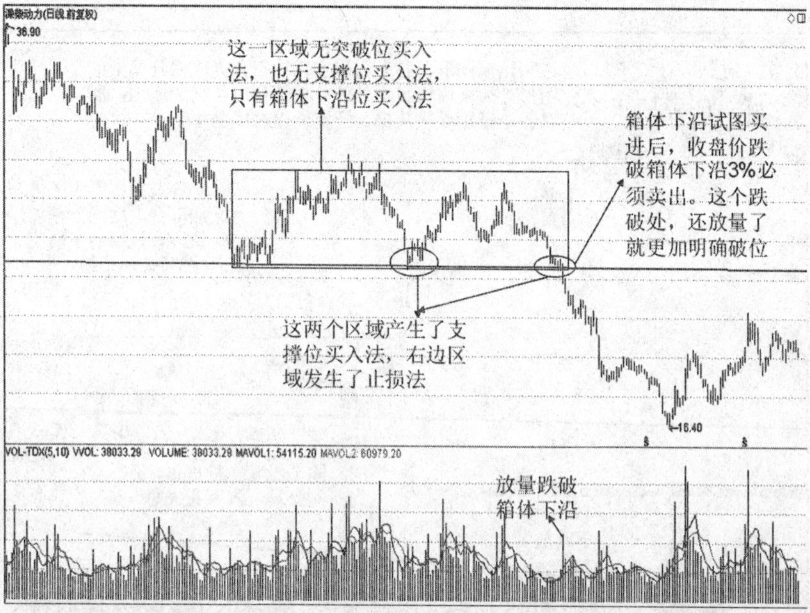
潍柴动力(日线,前复权)
36.90
这一区域无突破位买入法，也无支撑位买入法，只有箱体下沿位买入法
箱体下沿试图买进后，收盘价跌破箱体下沿3%必须卖出。这个跌破处，还放量了就更加明确破位
这两个区域产生了支撑位买入法，右边区域发生了止损法
16.40
VOL-TDX(5,10) VVOL: 38033.28 VOLUME: 38033.28 MAVOL1: 54115.20 MAVOL2: 60979.20
放量跌破箱体下沿

图115

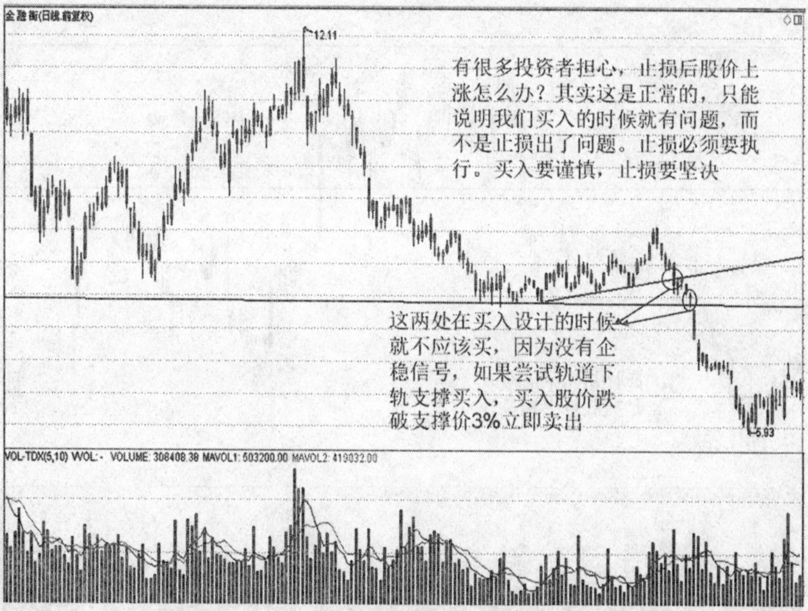
金融街(日线,前复权)
12.11
有很多投资者担心，止损后股价上涨怎么办？其实这是正常的，只能说明我们买入的时候就有问题，而不是止损出了问题。止损必须要执行。买入要谨慎，止损要坚决
这两处在买入设计的时候就不应该买，因为没有企稳信号，如果尝试轨道下轨支撑买入，买入股价跌破支撑价3%立即卖出
5.93
VOL-TDX(5,10) VVOL: - VOLUME: 308408.38 MAVOL1: 503200.00 MAVOL2: 419032.00

图116

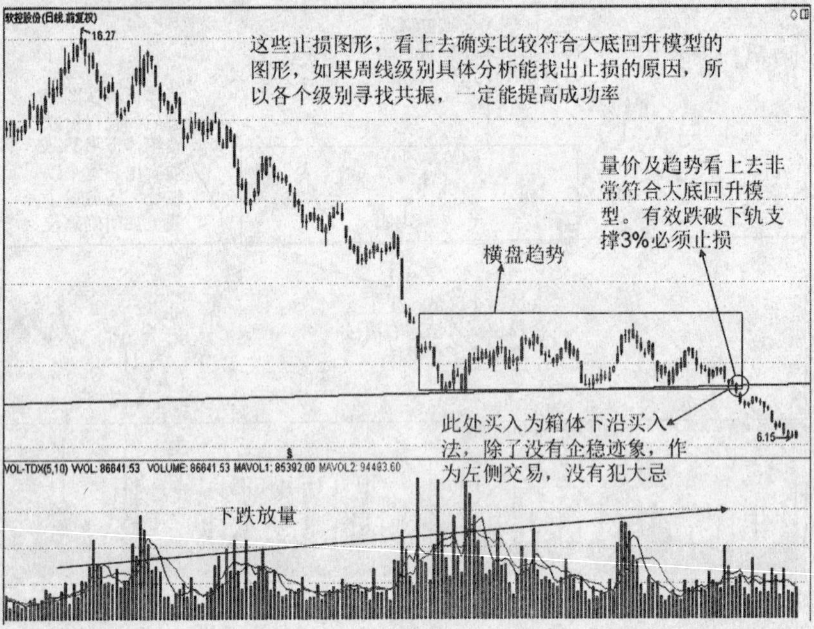
软控股份(日线,前复权)
16.27
这些止损图形，看上去确实比较符合大底回升模型的图形，如果周线级别具体分析能找出止损的原因，所以各个级别寻找共振，一定能提高成功率
量价及趋势看上去非常符合大底回升模型。有效跌破下轨支撑3%必须止损
横盘趋势
此处买入为箱体下沿买入法，除了没有企稳迹象，作为左侧交易，没有犯大忌
6.15
VOL-TDX(5,10) VVOL: 86641.53 VOLUME: 86641.53 MAVOL1: 85392.00 MAVOL2: 94493.60
下跌放量

图117

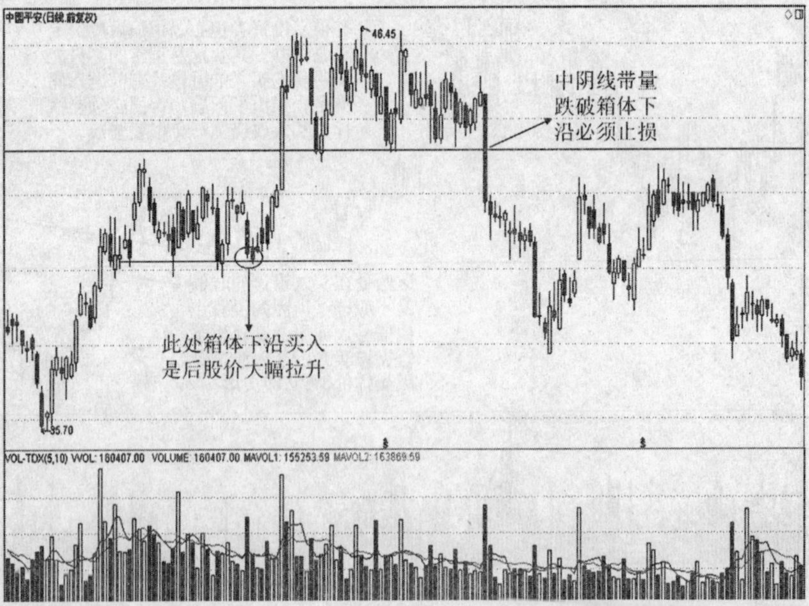
中国平安(日线,前复权)
46.45
中阴线带量跌破箱体下沿必须止损
此处箱体下沿买入是后股价大幅拉升
35.70
VOL-TDX(5,10) VVOL: 160407.00 VOLUME: 160407.00 MAVOL1: 155253.59 MAVOL2: 163869.59

图118

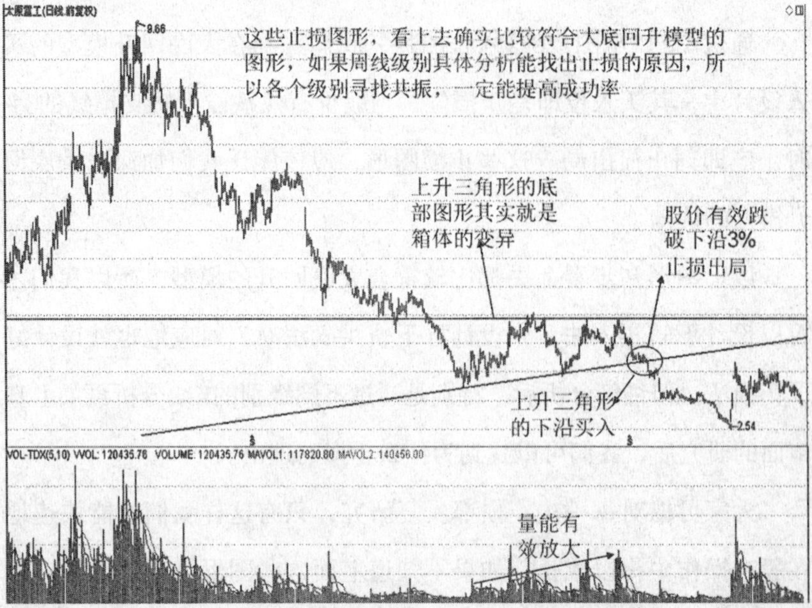
大熊重工(日线,前复权)
9.66
这些止损图形，看上去确实比较符合大底回升模型的图形，如果周线级别具体分析能找出止损的原因，所以各个级别寻找共振，一定能提高成功率
上升三角形的底部图形其实就是箱体的变异
股价有效跌破下沿3%止损出局
上升三角形的下沿买入
2.54
VOL-TDX(5,10) VVOL: 120435.76 VOLUME: 120435.76 MAVOL1: 117820.80 MAVOL2: 140456.00
量能有效放大

图119

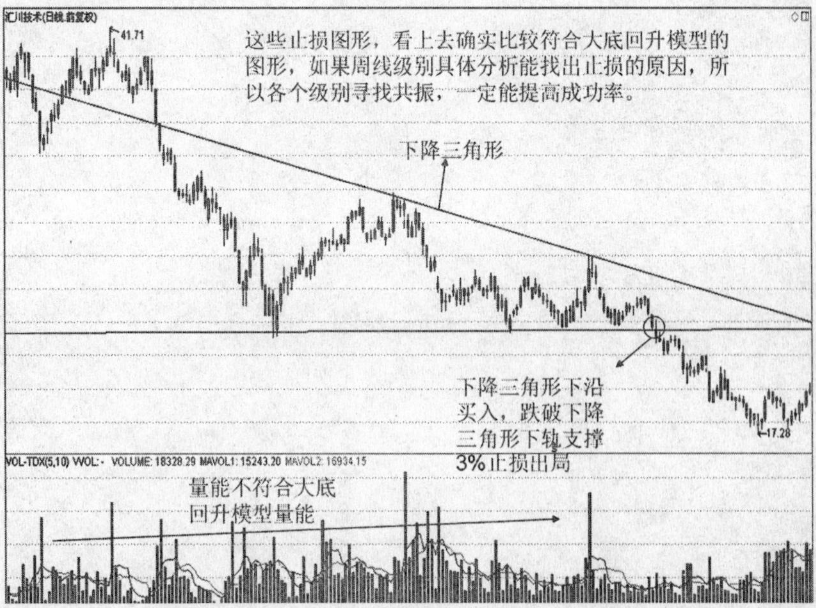
汇川技术(日线,前复权)
41.71
这些止损图形，看上去确实比较符合大底回升模型的图形，如果周线级别具体分析能找出止损的原因，所以各个级别寻找共振，一定能提高成功率。
下降三角形
下降三角形下沿买入，跌破下降三角形下轨支撑3%止损出局
17.28
VOL-TDX(5,10) VVOL: - VOLUME: 18328.29 MAVOL1: 15243.20 MAVOL2: 16934.15
量能不符合大底回升模型量能

图120

通过图115至图120这六张图片，我们看到在大底回升模型的买入设计中，其买入位即是止损位，当股价有效跌破下轨支撑线的3%时，应即刻止损出局。这些止损图形，应该能让我们加深对大底回升模型的认知。

以上图形初步看上去都比较符合大底回升的模型，所以我们才可以设计下轨买入法。当设计好下轨买入法时，对应地也就设计好了止损法。但细细分析后，特别是通过不同级别的K线分析再加上基本面的研究后，我们可以找到为什么止损的理由。

大家可以对每一次止损都反复研究，只有这样我们才能快速地在股市操作中得以成长。如果不知道上面这些图形为什么止损，可以再翻开之前大底回升模型如何选股这一章好好学习一下。

第二节　回到轨道止损法

回到轨道止损法对应的是突破位买入法。当突破为假突破时，这一止损法就有效地诞生了。

市场中很多股票为了把投资者套住在较高位置，或者庄家为了更有力地洗盘，经常会采取假突破的方式。当假突破出现后，往往股价下跌幅度和下跌力度都会比较大。因为既然庄家要作假，那么他的目的就是凶狠地洗盘，所以作为短线客或者波段操作者就要先止损。否则下跌幅度一旦过大，后续操作就会非常被动。

下面我们依旧通过案例图来分析一下回到轨道止损法是如何运用的。具体请看图121至图125。

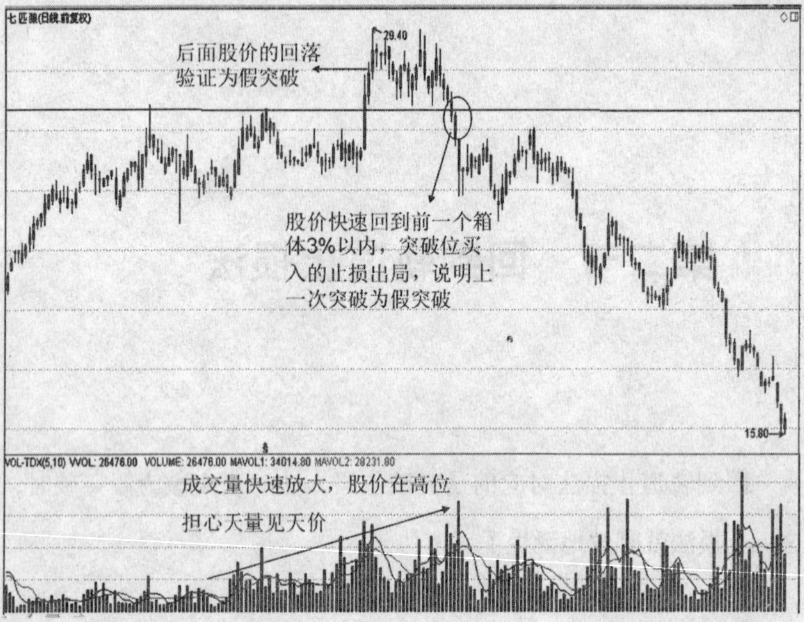
七匹狼(日线,前复权)
29.40
后面股价的回落
验证为假突破
股价快速回到前一个箱
体3%以内，突破位买
入的止损出局，说明上
一次突破为假突破
15.80
VOL-TDX(5,10) VVOL: 26476.00 VOLUME: 26476.00 MAVOL1: 34014.80 MAVOL2: 28231.80
成交量快速放大，股价在高位
担心天量见天价

图121

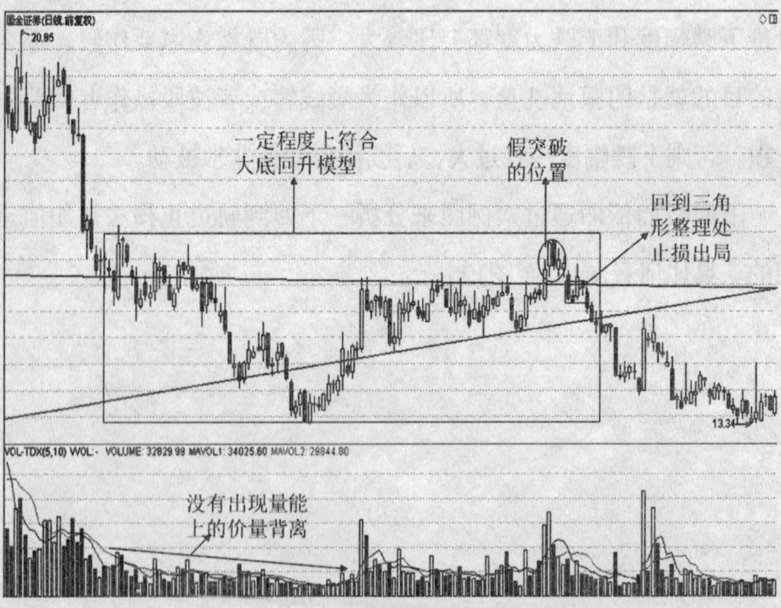
国金证券(日线,前复权)
20.85
一定程度上符合
大底回升模型
假突破
的位置
回到三角
形整理处
止损出局
13.34
VOL-TDX(5,10) VVOL: - VOLUME: 32829.99 MAVOL1: 34025.60 MAVOL2: 29844.80
没有出现量能
上的价量背离

图122

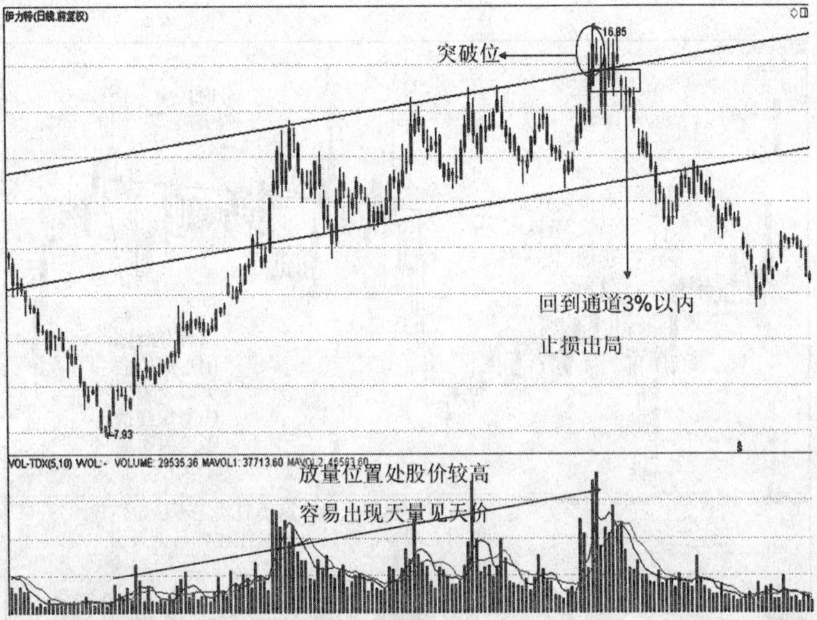
伊力特(日线,前复权)
16.85
突破位
回到通道3%以内
止损出局
7.93
放量位置处股价较高
容易出现天量见天价

图123

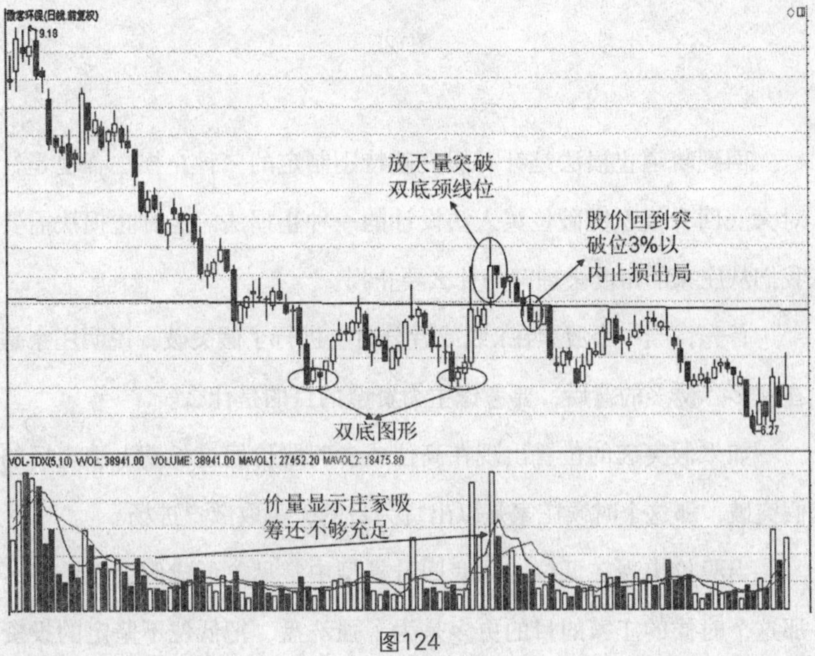
9.18
放天量突破
双底颈线位
股价回到突
破位3%以
内止损出局
双底图形
6.27
VOL-TDX(5,10) VVOL: 38941.00 VOLUME: 38941.00 MAVOL1: 27452.20 MAVOL2: 18475.80
价量显示庄家吸
筹还不够充足

图124

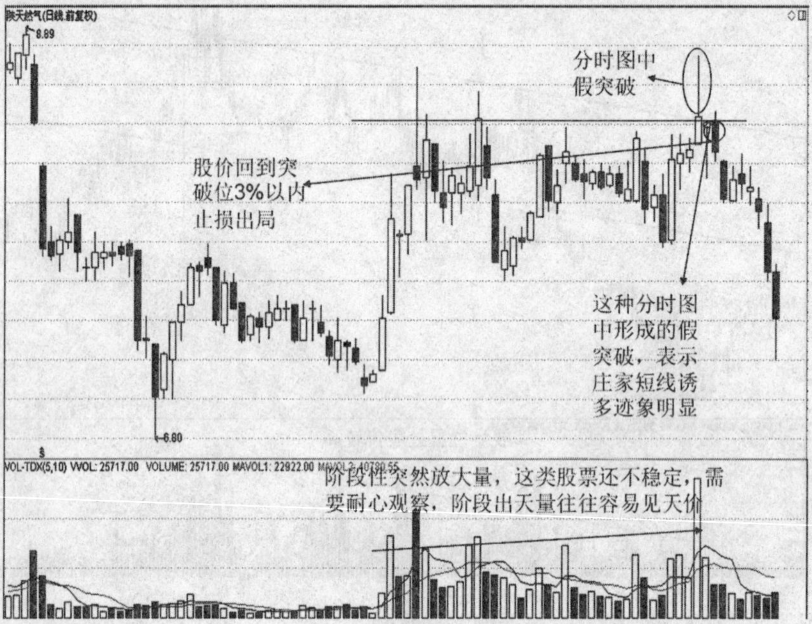

图125

回到轨道止损法是针对假突破特别制定的一种止损法，也是针对大底回升模型突破位买入法设计的一种止损法。这种止损法需要我们从庄家的角度去理解为什么要止损。

首先，当一个股票在K线或者分时上进行了假突破，说明庄家是在诱多。诱多的背后，要考虑主力资金的目的是什么。

如果假突破的位置出现在高位或者叫股价经过长期上涨之后的假突破，那这个时候庄家是以出货为目的，骗取散户进场。

当股价出现在低位（大底回升模型中常见）形成假突破诱多，那这个时候的庄家的目的更多是为了强洗盘，把低位不坚定的投资者清洗出局。请注意，这里说的是强洗盘，这个时候下跌幅度往往较大，短线客和波段投资者要注意短线止损出局，否则会深度被套，操作上就被动了。我们建议，宁愿等待K线图上走好再买入。

第三节　跌破轨道上轨止损法

讲解完回到轨道止损法后，下面我们介绍跌破上轨支撑位止损法。这一止损法是针对回踩位买入法设计的。同样，我们在回踩位买入时也要把止损点设计好。这一止损法和回到轨道止损法有很多类似之处。同样，我们照旧通过图片案例来讲解这一止损法。请看图126至图128。

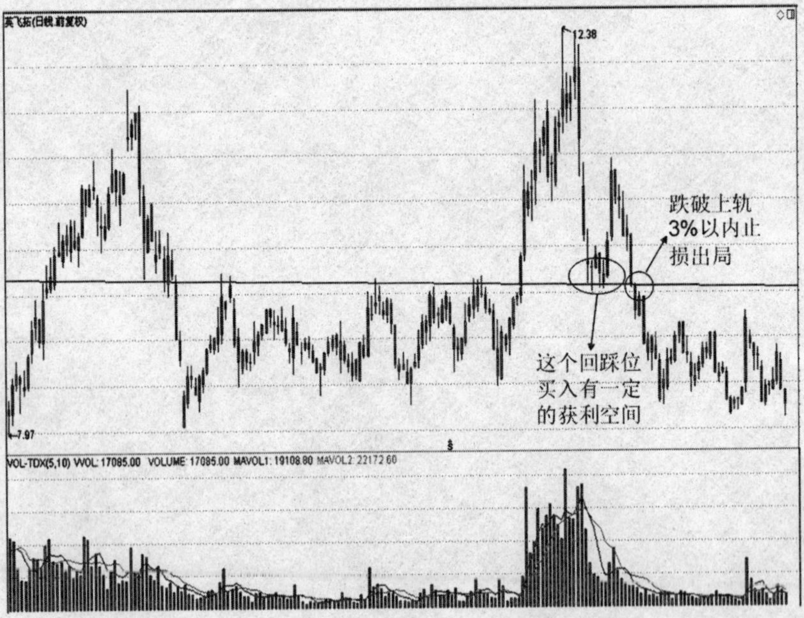

图126

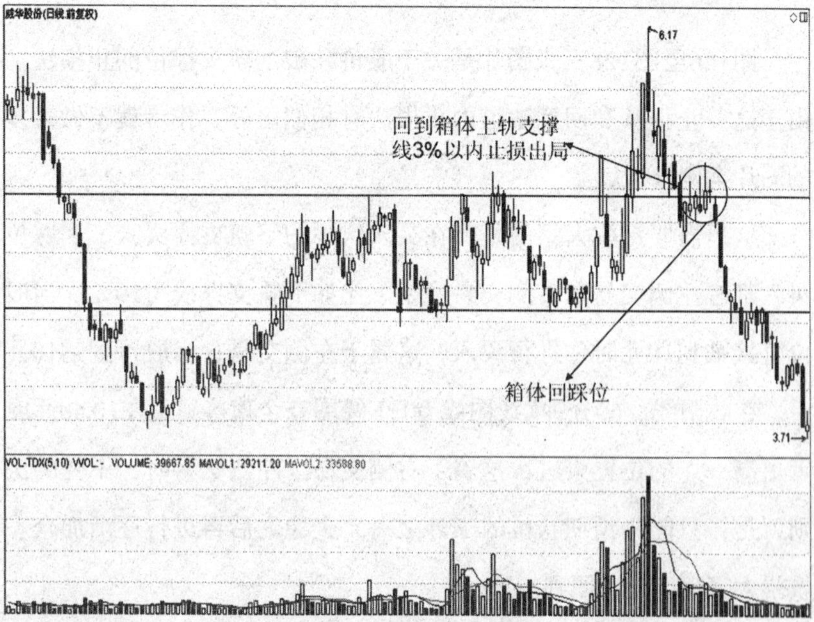
威华股份(日线,前复权)
6.17
回到箱体上轨支撑
线3%以内止损出局
箱体回踩位
3.71
VOL-TDX(5,10) VVOL:- VOLUME: 39667.85 MAVOL1: 29211.20 MAVOL2: 33588.80

图127

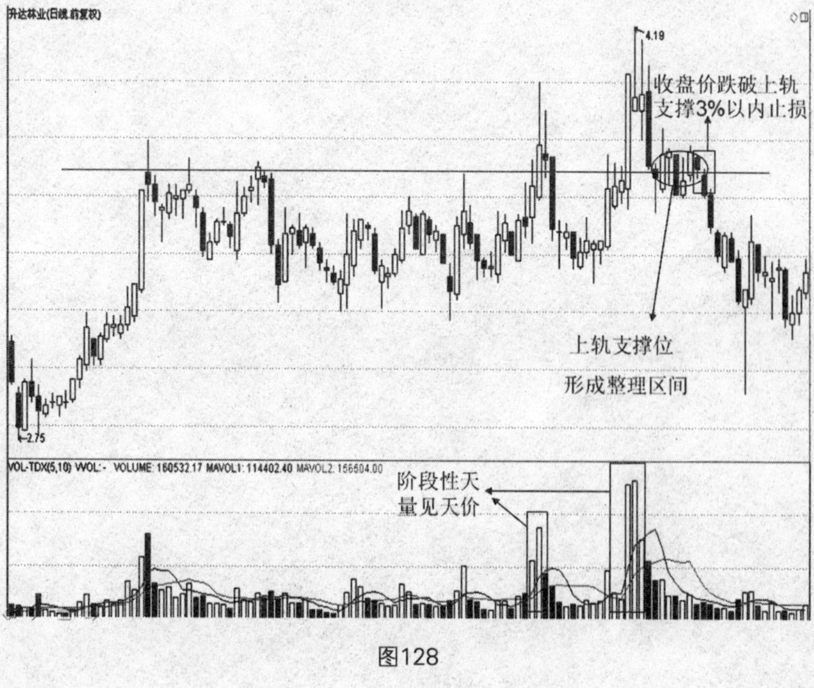
升达林业(日线,前复权)
4.19
收盘价跌破上轨
支撑3%以内止损
上轨支撑位
形成整理区间
2.75
VOL-TDX(5,10) VVOL:- VOLUME: 180532.17 MAVOL1: 114402.40 MAVOL2: 156604.00
阶段性天
量见天价

图128

图126至图128三张图片是关于股价跌破上轨支撑位的止损法。由于这一止损法和回到轨道内止损法有相似之处，作者就不做过多的图片案例分析。

这里需要提醒大家的是，在买入法中的下轨支撑买入、回踩位买入都有左侧交易和右侧交易一说。比如下轨支撑线为10元，当股价直接跌到10元时你进行买入，这属于左侧交易；当股价到达10元后，在收阳线、60分钟K线图或者日K线图有企稳迹象，在10.40元或者更高一点的位置买进，这属于右侧交易。左侧交易时，不变的法则就是：只能买预期仓位的三分之一，企稳之后再进行逐渐加仓。希望大家牢记这一原则。

另外，这种买入原则也给了大家对目标股的足够的分析时间。

第四节　跌破重要均线止损法

介绍完以上三种止损法，下面我们介绍跌破重要均线止损法。

这个止损法是和五日均线买入法相对应的。均线多头排列代表上涨趋势，均线空头排列代表下降趋势，均线缠绕代表横盘趋势。这是市场上普遍的理解。同时均线也是最简单的认定趋势的一个方法，其优点就是直观反映市场趋势，缺点是有一定的滞后性。

均线体系除了上面两个方面的理解之外，我们还可以从庄家波段操盘的角度来理解。比如5日均线上涨，代表庄家5天之内的成本是在提高，即代表主力庄家在吸筹。10日均线拐头向下，代表主力10天之内是以出货为主，在降低手中股票的持股成本。即当空头排列的时候，我们可以理解为所有的人都在抛这个股票，市场继续下跌成为了一种必然；当均线多头排列时，代表市场上所有的人都在抢着买筹码，股价上涨也就自然而然。均线缠绕就代表不同周期的主力有些在加仓有些在减仓，最后结果要看其选择的方向。

有了以上三种对均线体系的理解，我们就可以把这一止损法讲述得更明确。

当我们买入的时候，均线呈现多头排列，而我们的买入成本又是在5日均线附近，意味着我们的成本和主力庄家5日成本相同，我们这个时候的卖出就要看5日均线的脸色。同时当5日均线的脸色不好判断时，我们要看10日、20日、60日均线的脸色。如果这三条均线都很给脸——直线上涨、多头排列，那么5日均线疲软一下没关系。如果股价跌破了20日线，5日线和10日线又不给脸——空头向下，这个时候短线客和波段投资者要学会止损。

跌破重要均线止损法中的重要均线指的是20日均线。止损法有个共同特点，就是都是针对短线客或者波段投资者。就算你是中长线价值投资者，当你的股票短线或者波段走坏，也建议你先出来，待走好之后再买入也不迟。

同时，这一止损法也是在5日均线买入时候就已经设计好了的。如果这些止损法不和买入法相对应，也就没有任何意义。买入时候没有设计好止损位，不能算一次成功的买入，就算赚钱了也不能算成功。没有设计好止损的投资者会发现，在牛市炒股很容易，在震荡市和熊市炒股就会崩溃。所以要养成设计好止损这个习惯，这样才就能适应任何市场。止损设错了是你的能力问题，而没有设止损则是你的思想意识问题。一个没有能力的人可以提高能力，但是没有意识就会把风险无限扩大。

下面，我们依旧通过案例来分析跌破20日均线止损法。请看图129至图133。

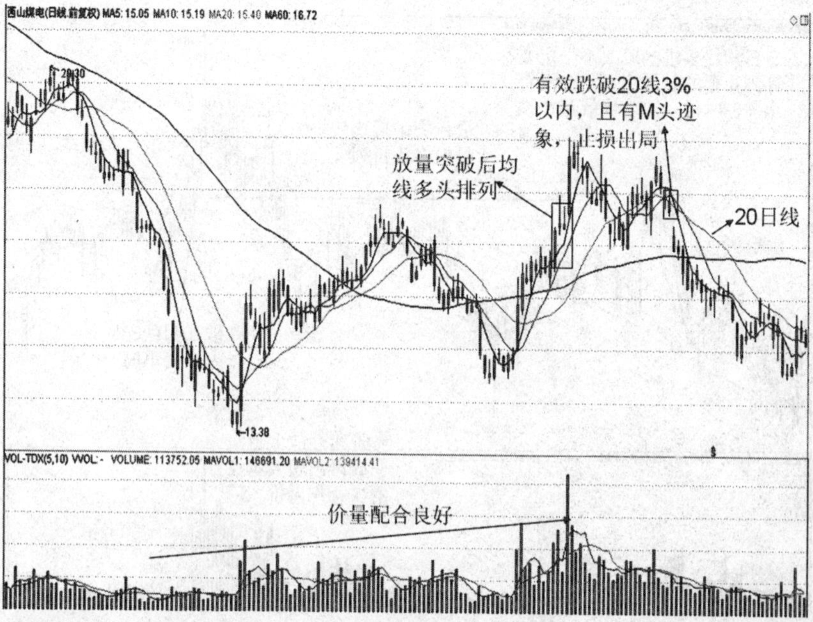
西山煤电(日线,前复权) MA5: 15.05 MA10: 15.19 MA20: 15.40 MA60: 16.72
20.30
有效跌破20线3%
以内，且有M头迹
象，止损出局
放量突破后均
线多头排列
20日线
13.38
VOL-TDX(5,10) VVOL: - VOLUME: 113752.05 MAVOL1: 146691.20 MAVOL2: 139414.41
价量配合良好

图129

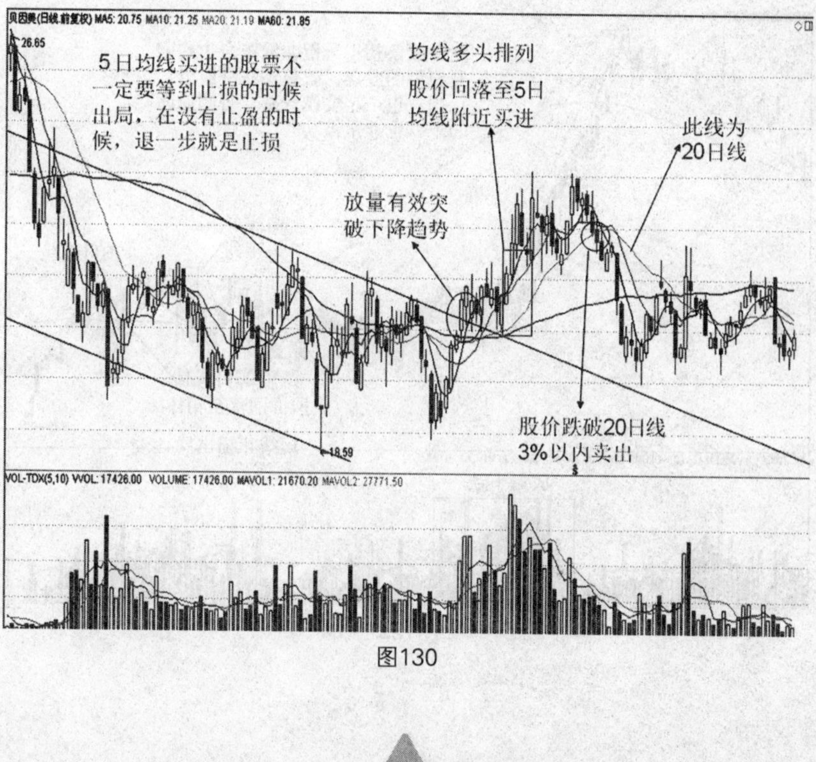
贝因美(日线,前复权) MA5: 20.75 MA10: 21.25 MA20: 21.19 MA60: 21.85
26.65
5日均线买进的股票不
一定要等到止损的时候
出局，在没有止盈的时
候，退一步就是止损
均线多头排列
股价回落至5日
均线附近买进
此线为
20日线
放量有效突
破下降趋势
18.59
股价跌破20日线
3%以内卖出
VOL-TDX(5,10) VVOL: 17426.00 VOLUME: 17426.00 MAVOL1: 21670.20 MAVOL2: 27771.50

图130

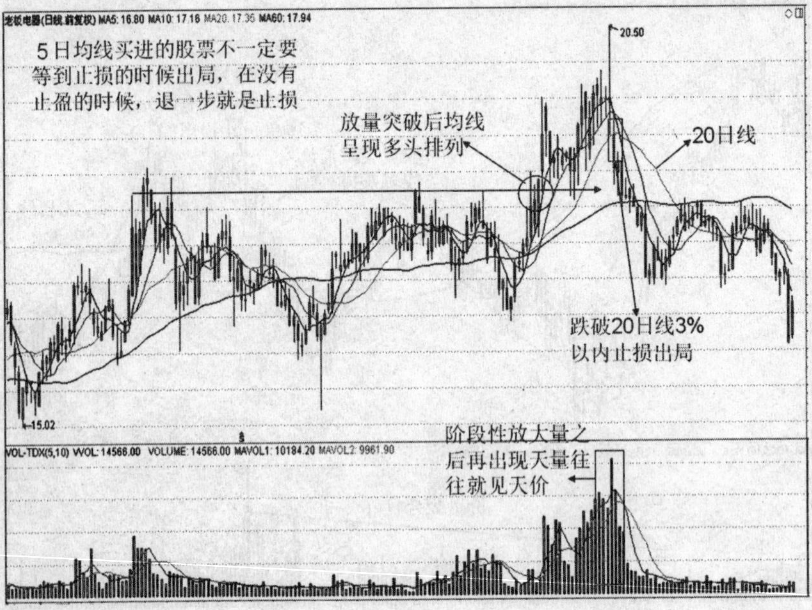
5日均线买进的股票不一定要
等到止损的时候出局，在没有
止盈的时候，退一步就是止损
20.50
放量突破后均线
呈现多头排列
20日线
跌破20日线3%
以内止损出局
15.02
阶段性放大量之
后再出现天量往
往就见天价

图131

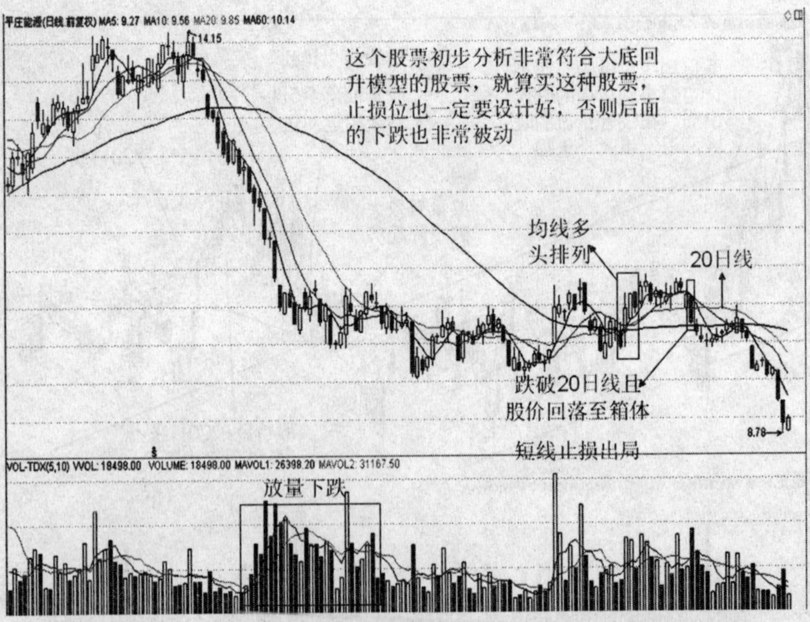
14.15
这个股票初步分析非常符合大底回
升模型的股票，就算买这种股票，
止损位也一定要设计好，否则后面
的下跌也非常被动
均线多
头排列
20日线
跌破20日线且
股价回落至箱体
8.78
短线止损出局
放量下跌

图132

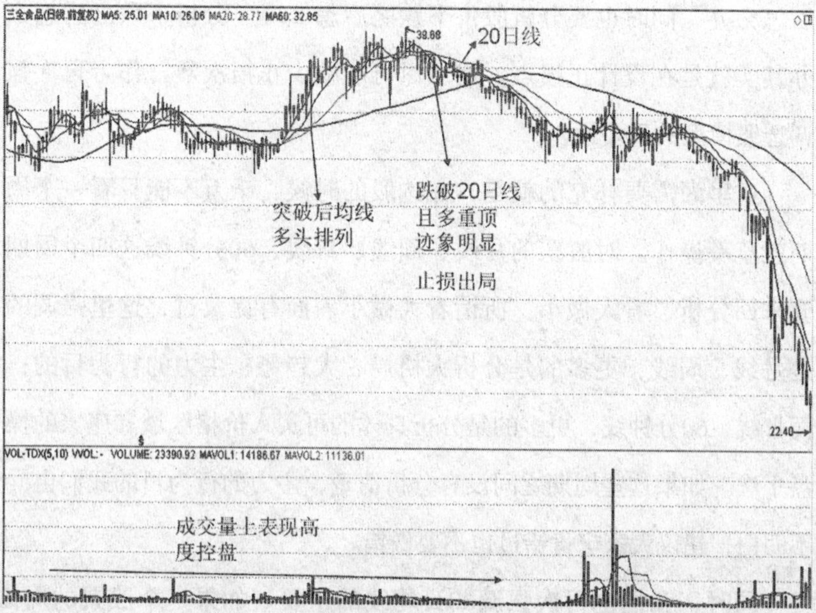

图133

通过以上五张图片，我们可以认为，当均线（5日、10日、20日、60日）多头排列时，加上股票表现符合大底回升模型，在错过了回踩位买入、突破位买入、下轨支撑买入，采取多头排列后5日均线买入时，我们一样要设定止损位。这一止损位就是将股票收盘价有效跌破20日均线3%以内作为止损点。这时候均线的特征一般表现为5日、10日空头排列。如果形成这一特征并出现M头、多重顶、头肩顶等顶部图形后，要坚决止损。

通过上面四种止损法，我们能分析出来，任何买入操作之前，止损位应该已经设计好了，或者说不同的买入法对应不同的止损法。任何一次买入我们都不能根据主观意识单方面思考股票上涨之后怎么办，同时也要分析股价下跌之后怎么办。分析下跌之后怎么办其实就是在设计止损点。为了尽可能减少止损次数，作者再次强调选股模型的重要性。

这里面需要补充的就是，在选股的时候，千万不能只看一个周期就草率操作。对股票的月线、周线、日线、60分钟线这四个周期要来回分析，看大做小。所谓看大做小前面有提及过，这里强调的是月线、周线，更多的是分析大格局、大趋势、主力的行为目的；而日线、60分钟线，更多的是分析具体的可买入价格区域和庄家的操盘手法。如果这些周期之间没有分析清楚，主力的行为目的我们也弄不明白，建议大家宁肯错过也不要做错。

同时，我们也再次强调60日均线的重要。如果一个股票的周K线、日K线中的60日均线都已经走好，股价下跌概率就减少。

最后就是强调量能分析的重要性。量能分析准确讲应排在所有分析的前面，也是分析庄家行为目的的关键。把量能分析清楚了，庄家的行为自然而然也就分析清楚了。我相信只要大家按照模型选股，认认真真、静下心来，耐心地分析你想买入的股票，止损次数就会非常少，那么赚钱就水到渠成了。

第八章

大底回升的衍生模型

本章提示

读完前面几个章节，作者在这里再次和大家一起回顾总结一下，正所谓“温故而知新”。

在大底回升模型的股票操作过程中，关于股市的基础知识很重要。在股市历经五年以上的投资者都会具备这方面的基础知识。可是有了这些基础知识还不够，要实现盈利又是另外一个层面的事情了。就好像股市中的民间高手在证券方面的知识也许并不丰富并不独特，可是他们就是能战胜这个市场实现盈利，道理是一样的。一位在巴菲特公司打工的工作人员讲述道：“我最害怕巴菲特开会，因为十几年来，巴菲特每次开会讲的内容都是一样的。”同样，笔者在讲解大底回升模型的时候，有些知识点也会反复强调、反复讲解，目的就是希望大家记住并运用于实战。

第一节　股民亏损而不止损的原因分析

操作大底回升模型的股票，主要是选取一个长期下跌后出现价量背离的股票。在技术图形上，我们通过分析其月、周、日K线，确定该股技术上见底了；同时，该股票的基本面上又被严重低估了，这就是大底回升模型所要选取的股票。这种选股方法有技术加基本面的双重保障。在选股结束后，实战操作中，对大底回升模型选取的股票要先观察、再设计买点，同时设计出止损点。这里再一次强调的是止损点的设置是和买点设置相关的，如果脱离了买点而设置的止损点肯定是不合理的。所以“会买的是徒弟，会卖的是师傅”这一句话作者不完全赞同，因为它忽略了买点的重要性。当然卖点也一样重要。大底回升模型的提出其实就是希望投资者建立起一种认认真真对待股票、对待投资的态度。你在买股票的时候不能马虎，不能因为没有想明白、没有分析透彻就进场；而分析透彻里面就包含了对止损点的设计。因为买入的时候不能一心只想收益，风险也要考虑在里面。当以上工作都做完了，我们的股票投资也就成功了一半。

以上工作只完成了投资的买入部分，中间还有持股和卖出部分。这两个部分作者只讲述了卖出。为什么没有讲述持股？这一点，我在这里和补充一下。持股时间长短和投资者的心理状态是相关的。所谓的心理状态就是投资者的投资逻辑，这一点很多投资者会混淆为投资收益。比如大家通常说的，我想做短线，然后买入一只股票，套住了就变成了中线，最后变成了长线。这里面的行为和逻辑就完全脱节。即你的投资逻辑是短线，就一定要有止损和止盈这两个动作。

当发生了亏损而不止损，你的行为和逻辑就发生了冲突。这里面需要大家思考的，是想想，是你的命题本来就有错误还是你的投资逻辑有错误，还是你的执行力有错误？我想很多投资者在这个方面都会犯错，且如果三个错误加在一起就更乱成一锅粥了。错上加错，这样一来，想在复杂多变的A股市场、熊长牛短的A股市场生存并实现盈利，几乎就是绝对的小概率事件。

我们把以上三个错误进行逐一分析，或许对大家理解大底回升模型及以后的实战操作都有非常大的帮助。

首先，我们先来看命题错误这一点。

所谓的命题错误就是，短线投资这一行为不适合你，这就是命题错误。为什么这么讲呢，比如你今天追涨买入万科A，计划两三个交易日出局。可是你买入的时候，也知道自己这两三个交易日很忙，不是有各种会议就是有家长里短的事情要处理。这样一来，即便股票在两三个交易日内安照你的预期方向在运行，但你于没有时间抛出，而等你忙完准备抛出的时候，股价已经大幅回落了。这是命题错误的一个方面。另外一方面，有些投资者，根本没有理解什么是短线投资。短线投资者不是见了大涨的股票就买，等第二天冲高就跑。短线投资是股票操作中，投资者分析股票短期运行轨迹，根据这个短期运行轨迹来进行投资。它和投资收益没有关系，和具体的持有一天、两天还是五天也没有关系。它只和投资者分析的结论有关系。你可以在持股的时候修正分析结论，但不能没有分析结论。一次投资之前，没有分析结论是致命的错误。就是我们常常说的盲目投资。比如，8元买入万科A，你买入的时候，预期其能涨到9元，预期止损价7.5元。当股价涨到8.7元涨不动了，你修正了预期目标价，在8.7元做止盈。这就是一次完整的短线投资，和时间、和收益率都没有关系，只和你的分析结论有关系。分析结论里面，包括了你可以接受的买入价、止损价、止盈价以及修正结论这些过程。同理，波段投资、中线投资、长线投资也是一样。不管你是什么周期的投资，在投资之前肯定有充分的准备和分析结论。如果没有这些，那么你就不用投资了。因为就算你投资了，也会输得一败涂地。因为你是盲目的，你是跟风的，你的投资经不起A股市场大起大落的震荡，当然更经不起期货及其他高风险的市场洗礼。所以投资之前，首先要保证不能让命题错误，里面包括了你适不适合和你会不会这两层意思。

上面讲到的是认知层面的问题，接下来要讲的是认知深度的问题，即，你的执行力不够是因为你对自己的投资逻辑还不够自信。如果你对自己的投资逻辑足够自信的话，我相信你不会发生执行力方面的问题。在大底回升模型中，作者没有讲操作周期，没有明确说明大底回升模型到底是教大家做短线、做波段的还是做中长线的。之所以不讲，主要是因为大底回升模型选取的股票既可以做短线，也可以做波段，同样适合做中长线。操作周期和认知程度有关系吗？当然有。当你致力于做短周期的时候，你的分析精力就要集中在短期走势方面，你的止损比例也会偏低。不同的操作周期，你要关心的点就不一样，正所谓“排长关心排长的事，团长关心团长的事”。所以当你根据自己的性格、实际能力以及当时的大盘情况，制定出来周期后，你关心的点就要围绕你的操作周期进行分析。如果是短周期行为，周线、月线这些K线图要看，但不能根据它们来做指导建议。你应该在日线、60分钟线、30分钟线甚至更小周期上进行分析，并得出分析结论。一旦长期进行这些分析工作并得出来结论，你的执行力肯定会大大增加。因为你对自己的分析结论充满自信。作分析也是考验投资者基础知识的时候，不过这些分析工序做习惯了也就不难了。这里要重点说的是：投资周期不是主观臆断出来的，而是要根据你的性格、实际能力、大盘情况及你的分析结论而来。千万不要把你的主观意愿和操作周期强加到你的操作行为上，而要根据股价走势和分析得出来结论再做判断，这样你才能在胜率上提高，甚至说大大提高。

最后就是执行力的问题了。

我想当以上问题都解决了，一般的投资者在执行力上就不会有大问题。执行力有问题的投资者主要是强加了太多幻想在实战操作过程中，同时也是投资者对自己的投资逻辑不够自信的结果。

第二节　中继形态

当我们认知了上一节提到的投资者亏损原因，再回过头来和大家继续分析大底回升模型，我们会发现，大底回升模型的股票要经过一波长期的下跌之后才能选取。但如果股市是像2006年、2007年那样的疯牛怎么办？所有的股票都经过了一波较大幅度的上涨，我们就无法利用大底回升模型选出股票，是这样吗？不是的。大底回升模型是一种模型，更是一种思想。它所要寻找的就是一个股票连接上涨的那个部分——底部图形。当股价经过一波上涨之后，要取得再次上涨，一般也会进行回调、洗盘、做图形等动作。这样大底回升模型就衍生出来了一种行态——中继形态。

中继形态和大底回升模型有一些不同之处，但大致的思想和操作要领是一样的。首先我们讲解的是相似之处，然后再来分析不同之处。请看图134，这是中继形态的基础图形。

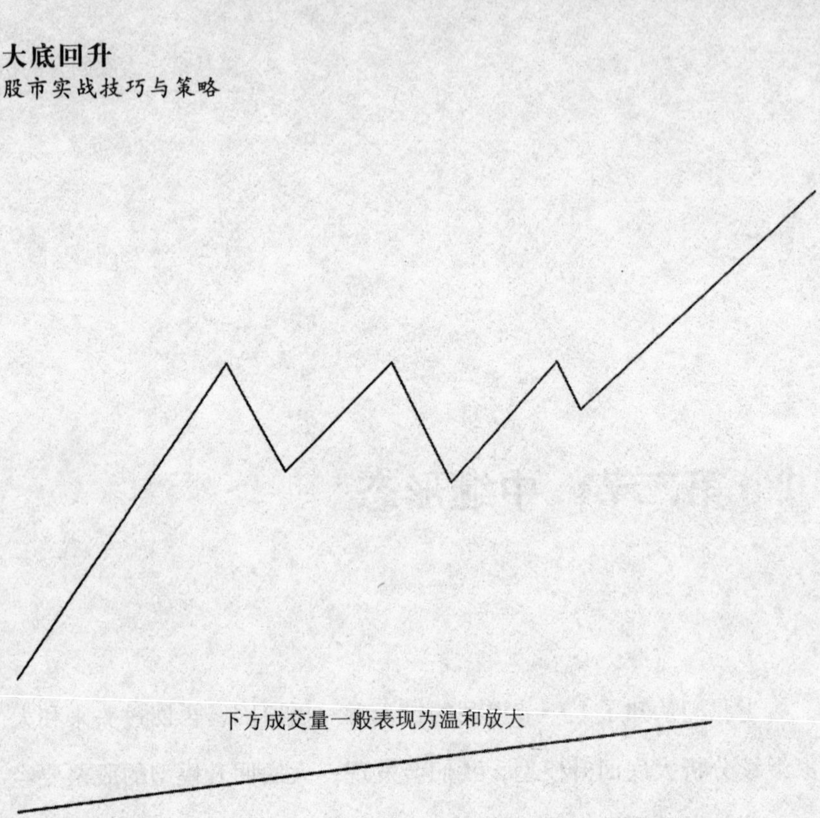

图134

中继形态和大底回升模型的相似点

中继形态和大底回升模型相似之处有四点：

1. 都是由三个趋势连接在一起形成的整体

大底回升模型一般是由下降趋势连接横盘趋势最后连接上涨趋势，中继形态一般是由上涨趋势连接横盘趋势最后连接上涨趋势。放在波浪理论里面来分析，大底回升模型选出来的股票操作中容易出现在第一浪的延伸浪或者第三浪中。中继形态的股票容易出现在第三浪的延伸浪中或者第五浪中。股票经过一波完整的上涨，一般是先出现大底回升然后再出现中继形态。

2. 都有个底部图形

分析底部图形是两个模型中比较重要的工作，因为底部图形分析出现了错误就会有结论性的错误。在大底回升模型中，底部图形分析错误，容易变成下降中继。在中继形态中，如果底部图形分析错误，容易演变成头部信号。所以确认底部图形能否连接成上涨趋势，才是我们要下工夫的地方。

3. 对量能和庄家行为的分析相似

量能的分析、庄家行为的分析，这是两个模型中必不可缺的，分析方法也大体相同。

两个模型如果缺了量能的分析都是错误的。在中继形态中，千万不能缩量，一旦缩量就很容易演变成头部形态。特别是中继形态的突破，没有量坚决不能碰，一碰操作假突破的股票，很容易套住投资者。

4. 买卖点、止损点的设计相似

买卖点的设计、止损点的设计以及卖出的理解，也就是具体的实战过程中，两个模型的手法完全是一样的。

在中继形态中，也有轨道下轨支撑处买入法、突破位买入法、回踩位买入法以及五日均线买入法，止损法也是和买入法对应的。天量卖出法、高位下影线卖出法、头部信号卖出法，压力位卖出法这些都是一样的。

中继形态和大底回升模型的不同点

分析完一样的地方，下面我们分析不同之处。中继形态模型和大底回升模型也有四个不同之处。

1. 出现次数不同

对于一只股票来讲，出现中继形态的次数会明显多于大底回升的次数。

这是因为一只股票从下降趋势转为上升趋势过程中才会出现大底回升，而当一只股票处于上涨过程中，要把其完整的上涨结束，往往是由中继形态连接起来的。而一个股票要进行一波完整的上涨，往往都会出现延伸浪，延伸浪的出现一般在第三浪，偶尔也会在第五浪中。这样的话，中继形态在一只股票中出现的频率至少会有两次，所以中继形态比大底回升常见。

写到这里，有投资者可能会问，这本书为什么不叫中继形态而叫大底回升呢？有两个原因，一是作者在写本书的时候是2012年下半年，A股市场处于市场下跌中，中继形态股票较少，一旦市场企稳，很容易出现大底回升的股票。二是不管是大底回升还是中继形态，其思想是一样的，均需寻找底部图形，只是两个模型底部图形出现的位置不一样。

2. 分析思路不一样

这里讲的分析思路指的是对趋势的分析。从严格意义上讲，大底回升模型有趋势的转变，即下降趋势转为横盘或者上涨；而中继形态是趋势的延续。所以对中继形态的分析更应该关心上升趋势能否延续，对大底回升模型的分析更应关心趋势是否转变。所以大底回升模型一定要有趋势转变上的确认，即下跌趋势的终结；而中继形态模型一定要有上升趋势的保障。

3. 底部图形的量能要求不一样

大底回升的底部图形一般都会有放量，表示有超级主力试图阻止股价的下跌；而中继形态的底部量能可以缩量，表示主力资金并没有离场。突破的位置一定要放量，表示量能的突破有效。所以二者对底部图形的量能要求不一样。

4. 选股的角度不一样

大底回升选股主要关心量价背离及下跌趋势的终结，而中继形态选股更关心的是上升趋势的延续及主力资金是否出逃。当一只股票形态上符合中继形态的基础模型时，我们要分析的是主力资金是否出逃。如果没有出逃，要看其是否准备向上突破，进行梅开二度上涨。

以上阐述的是大底回升模型及其衍生出来的中继形态模型的四个不同处和四个相同处。为了让大家更容易理解，我们依旧通过案例图来讲解中继形态在实战操作中的技巧和需要关注的要素。请看图135至图137。

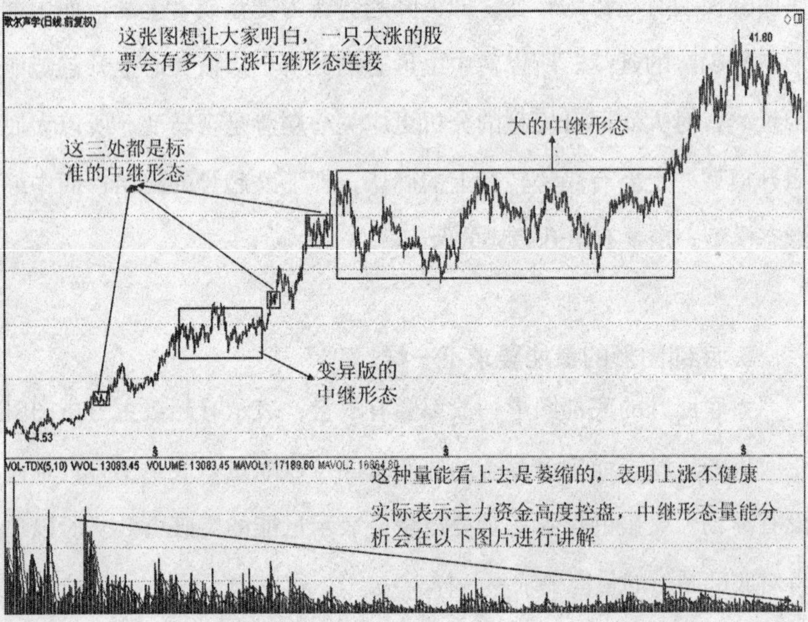

图135

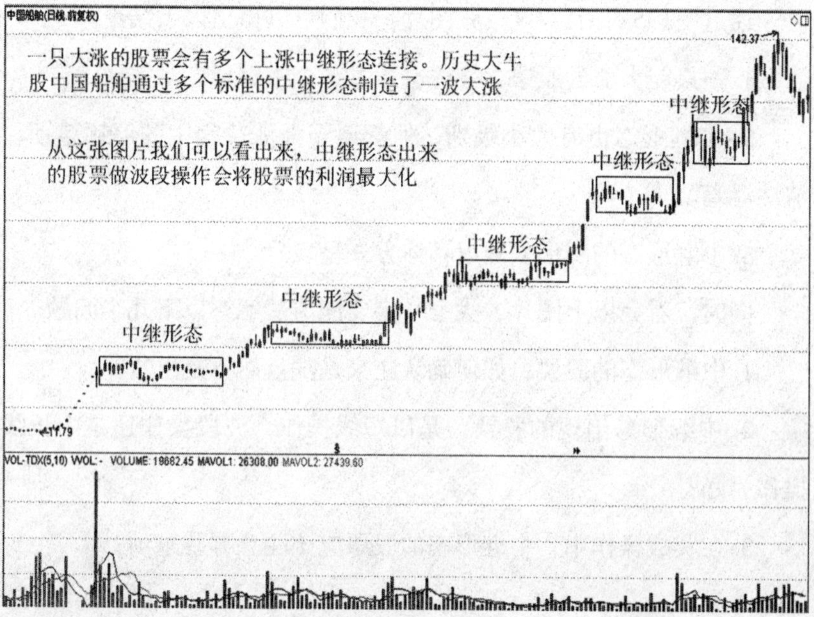
中国船舶(日线,前复权)
一只大涨的股票会有多个上涨中继形态连接。历史大牛股中国船舶通过多个标准的中继形态制造了一波大涨
从这张图片我们可以看出来，中继形态出来的股票做波段操作会将股票的利润最大化
中继形态
中继形态
中继形态
中继形态
中继形态
142.37
11.79
VOL-TDX(5,10) VVOL: - VOLUME: 19662.45 MAVOL1: 26308.00 MAVOL2: 27439.60

图136

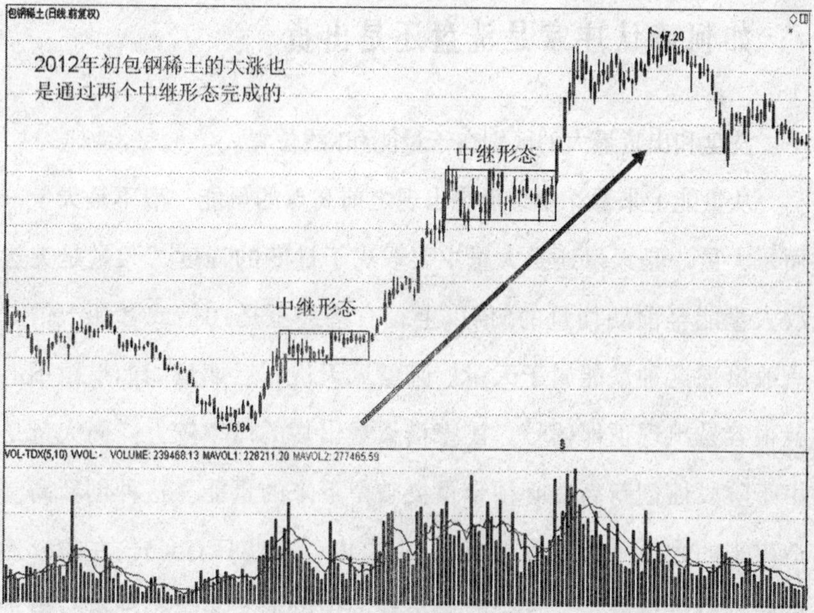
包钢稀土(日线,前复权)
2012年初包钢稀土的大涨也是通过两个中继形态完成的
中继形态
中继形态
47.20
16.84
VOL-TDX(5,10) VVOL: - VOLUME: 239468.13 MAVOL1: 228211.20 MAVOL2: 277465.59

图137

通过图135到图137这三张图片，我们可以得出以下结论：

1. 一只能大涨的股票，往往会通过多个中继形态来完成。

2. 中继形态也有大小级别，但都属于上涨过程中的停顿整理、清洗浮筹。

3. 中继形态的图形多数以箱体方式呈现。

同时，看完以上图片，大家一定要能清楚解答以下几个问题。

1. 中继形态的股票，如何确认庄家是洗盘而不是出货？

2. 中继形态出现的股票，是以短线操作、波段操作还是中长线操作为好？

3. 在实战操作中，中继形态的股票应该注意哪些事项？

如何确认庄家是洗盘还是出货

洗盘和出货最大的区别在于量能和K线位置。

从量能上来看，中继形态出现之前高点的量能一般不是天量，而是大量。是天量还是大量主要取决于量变的程度，天量是突然放大量能至前期均量的5倍以上，有些甚至是10倍或者几十倍。一般出现这种量能属于天量。天量见天价，后期量能如果跟不上就很容易出现顶部信号，庄家借天量出货的概率较大。而大量是由于阶段性创新高后必须带量突破留下来的量能。这种创新高制造出来的大量一般量变幅度在5倍以内，有些只有1.5倍左右，然后股价再进行震荡。这个时候出现的中继形态多半是洗盘，出货的概率较小。

从K线位置来看，洗盘的极限区间一般不会跌破股价上一个平台的低点。这一现象的理论体系来源于上涨结构，上涨结构的特征就是低点不断地抬高。所以中继形态出现的低点一般高于前一个低点。如果中继形态的低点低于前一个低点，这个时候庄家出货的概率就较大。

综上，判断是洗盘还是出货，可从量能及K线的位置来判断。

中继形态的股票操作周期长短

中继形态的股票操作周期以多长为好？这一问题大家应该也会比较容易提及。

在这里我首先还是要强调这一命题的错误。从上一章的逻辑来讲，股票的操作周期长短是由投资者的分析结论来定的，投资者的分析结论是根据市场行情（比如2006、2007年中长线持有绝大部分股票收益率都会超过300%，2012年至今持有绝大部分股票亏损都超过30%）、股票走势特征及股票后期走势决定的。从这一点上讲，任何模型都不能强加投资周期到模型上，作者只能通过模型本身，来定义某个模型比较适合做什么周期。而最终的实战投资过程中，投资者应跟踪大底回升或中继形态学到的知识，再加以市场判断，最后得出一个客观的分析结论来定操作周期。千万不要把主观意识加到投资周期和投资收益上。

作者根据中继形态的多张案例图发现，中继形态的投资周期比较适合波段操作。当然在一个有成长性且在大盘情况较好的情况下，这些好股票可以做多个波段，这样就能提高资金利用率。（注：中继形态适合波段操作，一只好股票在好的时机下适合多个波段操作这一结论是根据图135、图136、图137三张案例图得出来的，不是作者主观加上去的。）

中继形态模型的股票操作注意事项，我们将在下一节论述。

第三节　中继形态模型的股票操作注意事项

我们来分析一下在实战操作中，中继形态模型的股票需要注意哪些事项。

前面内容讲到了量能和位置，这里还需要补充的就是地量和突破量。

在操作中继形态的股票中，如果买入当天能确认上一个交易日股票出现了地量，那么代表市场清洗浮筹结束，往往会有一波小的上涨。这个缩量之后的上涨是中继形态中的波动，我们只能短线把握。如果中继形态要突破走一个波段性行情，那么突破处量能一般都会有效放大。这里说的量能有效放大对比的是中继形态的前期地量，不是前期大量。因为一个中级形态突破的股票往往是主力高控盘的股票，所以有效放量是相对于前期的地量，不是相对于前期的大量。

如果量能上不能给你足够的信心判断为有效突破，大家还可以根据MACD这一趋势指标来判断。在突破处的MACD一般这个时候配合得较好，不会发生背离现象。如果是假突破，往往MACD也会背离。量能加MACD对大家判断是否是有效突破有非常大的帮助。

以上这些就是大家在操作中继形态模型的股票中，需要注意到的事项和需要考虑的关键点。和以往章节一样，我们依旧通过实战案例图来帮助大家更好地理解上面这些要点。请看图138至图142。

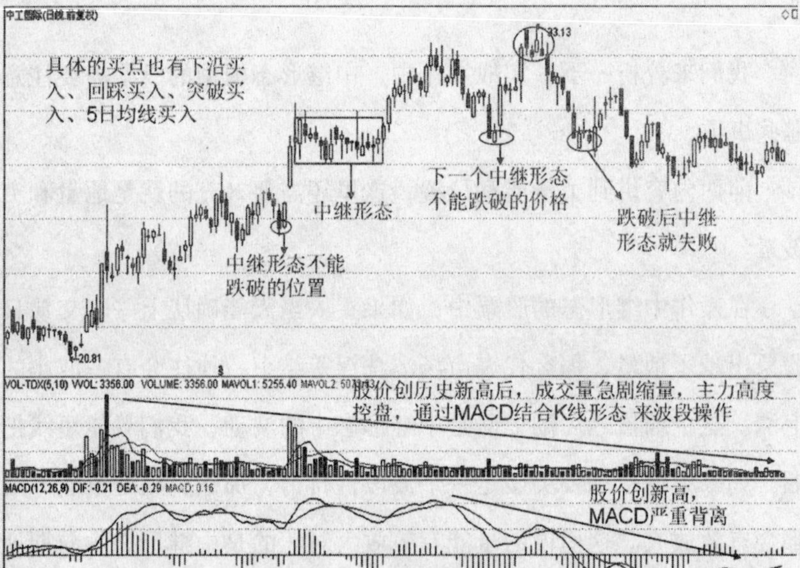

图138

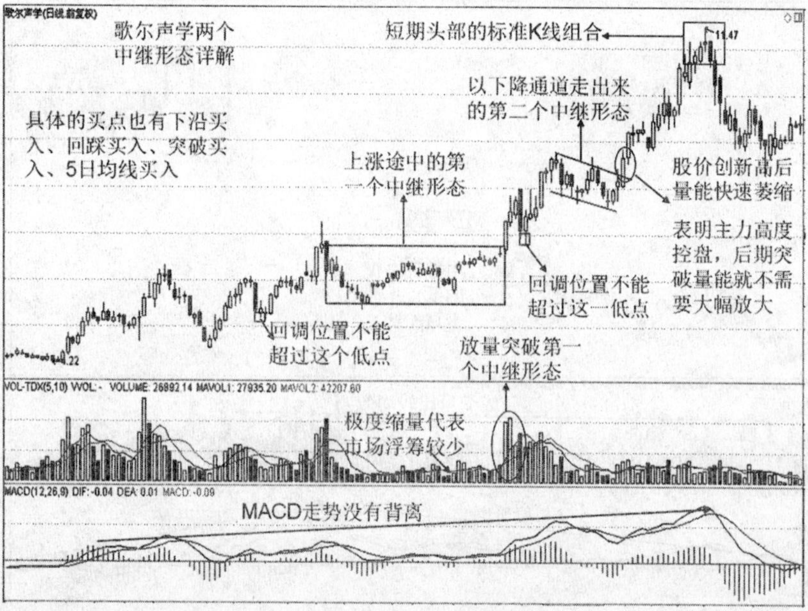
歌尔声学(日线,前复权)
歌尔声学两个
中继形态详解
短期头部的标准K线组合
11.47
以下降通道走出来
的第二个中继形态
具体的买点也有下沿买
入、回踩买入、突破买
入、5日均线买入
上涨途中的第
一个中继形态
股价创新高后
量能快速萎缩
表明主力高度
控盘，后期突
破量能就不需
要大幅放大
回调位置不能
超过这一低点
回调位置不能
超过这个低点
放量突破第一
个中继形态
VOL-TDX(5,10) VVOL:- VOLUME: 26892.14 MAVOL1: 27935.20 MAVOL2: 42207.60
极度缩量代表
市场浮筹较少
MACD(12,26,9) DIF: -0.04 DEA: 0.01 MACD: -0.09
MACD走势没有背离

图139

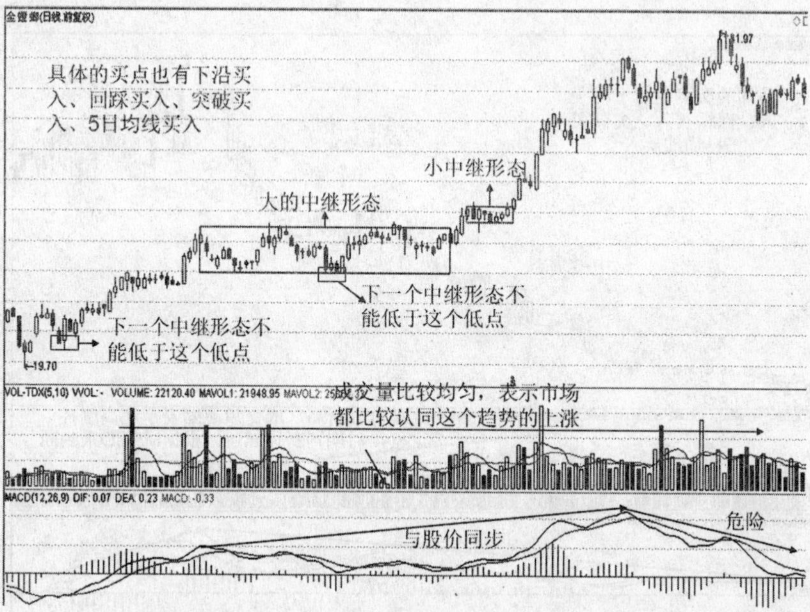
金證卿(日线,前复权)
1.97
具体的买点也有下沿买
入、回踩买入、突破买
入、5日均线买入
小中继形态
大的中继形态
下一个中继形态不
能低于这个低点
下一个中继形态不
能低于这个低点
19.70
VOL-TDX(5,10) VVOL:- VOLUME: 22120.40 MAVOL1: 21948.95
成交量比较均匀，表示市场
都比较认同这个趋势的上涨
MACD(12,26,9) DIF: 0.07 DEA: 0.23 MACD: -0.33
危险
与股价同步

图140

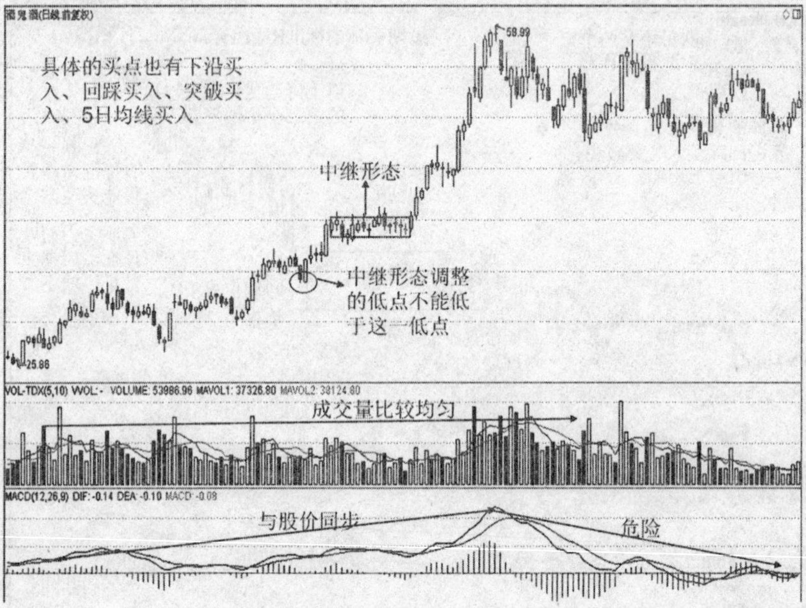
具体的买点也有下沿买入、回踩买入、突破买入、5日均线买入
59.99
中继形态
中继形态调整的低点不能低于这一低点
25.86
VOL-TDX(5,10) VVOL: - VOLUME: 53986.96 MAVOL1: 37326.80 MAVOL2: 38124.80
成交量比较均匀
MACD(12,26,9) DIF: -0.14 DEA: -0.10 MACD: -0.08
与股价同步
危险

图141

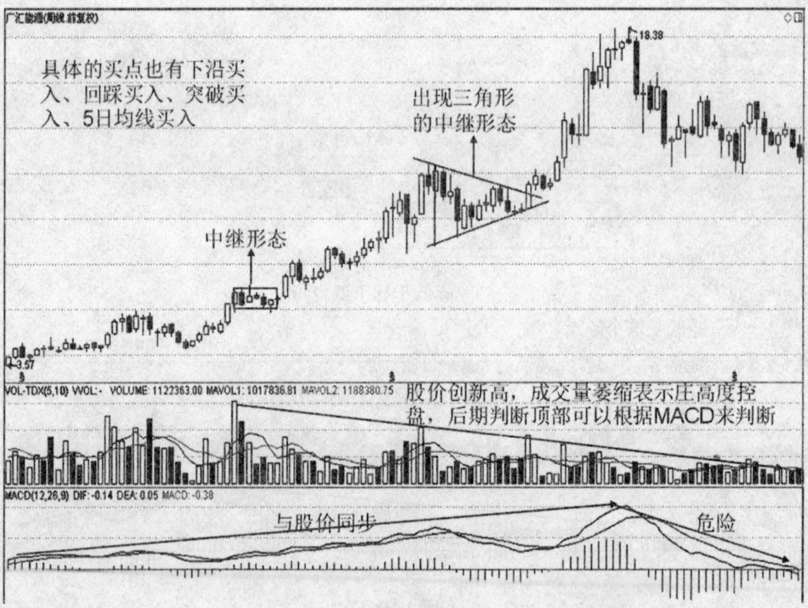
具体的买点也有下沿买入、回踩买入、突破买入、5日均线买入
18.38
出现三角形的中继形态
中继形态
3.57
VOL-TDX(5,10) VVOL: - VOLUME: 1122363.00 MAVOL1: 1017836.81 MAVOL2: 1188380.75
股价创新高，成交量萎缩表示庄高度控盘，后期判断顶部可以根据MACD来判断
MACD(12,26,9) DIF: -0.14 DEA: 0.05 MACD: -0.38
与股价同步
危险

图142

通过图138至图142这五张图片，我们不难发现，一只股票出现中继形态的次数确实比较多，在不同周期里面都有可能出现中继形态。中继形态模型和大底回升模型不同的是对量能的分析。因为中继形态如果出现在一个股票历史高位，这个时候，庄家往往是高度控盘，所以在股价不断创新高的背后，成交量可以不进行大幅放量，表示市场资金比较认可上涨趋势。但是在上涨趋势，也有比较大幅度的波动，我们要把握这些点，需结合MACD、K线形态及上涨结构定律（低点不能低于前一个低点），去波段把握这些中继形态的股票。一只大涨过的股票一般会出现多个中继形态，这些股票一般都有基本面的支撑。这些股票没有见历史大顶信号之前，出现中继形态都可以在波段上做一把。

同时，把握中继形态的股票的时候，买卖点及止损点的设计和大底回升模型股票一样，这里作者就不再重复讲解。

大家如果看到这里，还不能熟悉地回忆起卖点及止损点，可以回到以前章节进行重复阅读。因为市场虽然是万变的，但很多基础知识点都是不变的，任何复杂的技术分析都离不开这些基础知识点。祝愿大家通过学习大底回升及中继形态这两个模型在股市百战百胜，真正赢得股市上最大的投资魅力——资金的复利增长。

第九章

大底回升模型的意义及总结

这是本书的最后一个章节，在这里作者和投资者再絮叨一下。主要是帮大家做一下总结，提一些问题，同时布置一点作业，让大家真正看完此书之后能将这些方法付诸实践。

这一章主要有三个方面的内容和大家沟通。

一、知识融合问题

你看完此书后，怎么和以前的知识相结合，或许说以前的知识如果和本书的内容发生了冲突该怎么办?

在这里有一个原则需要大家注意，叫有用原则。也许本书的所有内容里面你只记住了一句话，或者只记住了一张图片，那你把这句话或这张图片运用到实战过程中，则如此一来这本书对你来说就是有意义的、有价值的。同时，如果有些知识和你的原有知识发生了冲突，你一定要仔细琢磨之后，再决定哪些知识是对的。在股市中赚钱的方法有上百种，本书只是详细阐述了两种方法，断然不敢说是股市终极之道，最多算是在股市里的一套简单、有效、可复制的方法而已。这里要强调一下三个词：简单、有效、可复制。股市赚钱方法很多很多，作者比较信奉“不怕千招会，就怕一招绝”。所以希望大家在研究一套方法的时候一定要仔细琢磨，千万不要一知半解。而选方法一定要注意方法的简单、有效及可复制性。只有这样，这东西你在运用起来时才会得心应手，否则大家看完本书和看完大部分书的效果是一样的，回到股市操作，还是一塌糊涂。

为什么作者这么强调方法的重要性呢？其实股市就是战场，如果你没有防身术（风险管理方法）及进攻方法，想要在这个市场实现资金复利地增长基本上不可能。很多投资者指望通过看电视、听股评、看财经新闻或者听身边朋友的消息来炒股，以实现长期稳定的盈利，几乎不可能。在牛市还好，一旦遇到熊市、震荡市，亏损就成定局，甚至有些投资者会被一波大熊市直接消灭。千万不能靠别人，一定要自己有一套方法，否则就算指导你的人对了，但因为你不理解他的意思，不能跟上他的思考和脚步，你也会是输家。

这里多啰嗦一句中国文化方面的内容。中国的传统文化里面有太多“靠”的思想，出门靠朋友、在家靠父母、靠关系等。这些文化带到股市是致命的。因为在复杂多变的股市中，也许你看是好股，但巴菲特却会认为是垃圾股。在A股市场里面，“靠”字肯定行不通。你只有自己掌握了一套属于你的方法才能实现盈利。其实在美国、英国等发达市场，几乎没有散户投资者，散户的资金都是交给专业的理财机构打理。因为这些专业机构一般都有自己独立的投资方法和投资体系。

二、思想的重要性

强调了方法，我们这里再强调一下思想的重要性。

说的比较神秘一点就是，佛学里面看空就是有，有就是空。同样在A股市里面，你如何看待你的操作周期，你如何看待股票的上涨和下跌，你如何看待量，角度不一样答案就会大相径庭。这里作者有几个思想一定要和大家强调一下。

首先是角度。

因为角度决定思想，所以大家每一次思考问题的时候，一定要站在庄家的角度来考虑问题，或许有些现象就会看得特别透彻，就能透过现象看本质。比如最后的疯狂上涨，追进去，肯定是有利润的。但是站在庄家的角度就是希望你追进去，因为最后的疯狂上涨庄家就是为了吸引眼球，而吸引眼球的目的就是为了让庄家更好地出货套现。同样，当市场极度恐惧、有些人甚至说市场要推倒重来的时候，庄家的目的也就实现了，就是打压吸筹。我们知道庄家的目的和行为的时候，操作上就能从容自如。你拉高，我不追或者做短线；你打压吸筹，我就等企稳迹象出现再买进去。所以多站在庄家角度分析问题，你就能在市场中找到很好的赚钱方法。看待成交量也是一样，我们要多思考庄为什么放量、为什么缩量。一遍没有想明白，想第二遍，多按照这种思维模式思考几次，答案很快就会有，因为熟能生巧是万古不变的定理。

除了讲思考角度，作者还需要讲主观和客观。

在分析股票的时候，大家一定要做到客观，千万不要把主观意识加到股市操作中去。大家习惯加周期、加收益率、加幻想到股票市场。

先看周期。很多投资者会问，市场上常常讲到短线方法、长线方法、波段方法，讲这些方法的人有没有错？没错。因为他们的方法是针对这些操作周期来讲的。在实战中你也可以根据你的投资结论来判断你的操作周期，但是千万不要看到任何股票就说我要做短线、我要做波段。你的操作周期是根据你的投资结论和市场走势来定的，不是你主观加上去的。比如你看到一只价值被非常低估的股票，你说我要做短线，股票三天内没涨，我就割肉出局。显然这个投资逻辑牛头不对马嘴。价值严重低估这个投资依据适合做波段或者中长线，不适合做短线。短线的投资依据应该更多地来源于技术，更准确的讲来源于短线技术。所以你的投资周期、预期投资收益及是否止损这三个要素如何把握，不是由你决定的，是根据市场走势、成交量变化、基本面变化、市场大环境等决定的（这一点本书强调了许多遍。）

思想方面还需要提醒一点，就是无关性。盘面很多涨停板的股票，很多不符合你方法体系的股票和你无关系。这个思想也很重要，因为做有把握的事情才是正事。

三、执行力的重要性

最后一点讲讲执行力的问题。

把这一点放到最后讲的目的就是来和大家探讨一个大家一定想知道的问题："说起来容易，做起来难"，有些投资者也会把它总结为："股市上说是一回事，做是一回事。"在这里作者要和大家纠正一双词语：说和知。在作者看来，说不等于知，知也不等于说。什么意思呢？就是在股市操作中，知就是知，不知就是不知，千万不要逞强。比如你看到一只股票在涨3个点的时候，你感觉它要涨停和你知道它要涨停是两个层面的意思。一旦你是感觉它要涨停，那么你在实战中可能对买入数量、等回调买还是直接买、买入后明天该怎么办等这些问题都没有分析清楚，股票能否实现盈利还要看你明天的操作。一旦大幅低开你就不知道该怎么办，买进去之后就算涨停了也不能算知，那么这种投资肯定是盲目的。半知执行力自然而然就没有了。

真正的知就等于执行力，就等于有了止盈和止损方案。同样看到一个盘中涨3个点的股票，我们的知是根据成交量、均线、股价所处位置、庄家行为目的、庄家的手法、市场大环境、大底回升的买卖点为依据来进行操作。如果我们的操作是根据这些来判断的，我想就算股票不涨停，你的投资也是对的，你的执行力也就肯定没问题。明天不管高开、低开你都能从容地应对。

说到执行力的问题，我又想起一句话：之所以紧张和恐惧是因为陌生或者不熟悉。所以为了让大家在操作上真正做到知，解决执行力的问题，有两个解决方案，双管齐下就更好，那就是熟悉股票加熟悉方法。所以作者一直提醒大家，选取大底回升的股票要谨慎、细致，做到尽可能不止损、不换股，这样才能真正做到在熟悉的股票上用熟悉的方法，轻松地赚钱。

所以要解决执行力的问题，就是要解决真正的知，只要有了真正的知，我想执行力就不是问题了。

综上所述，以上三点描述的是正确的方法+正确的理念+真正的执行=资产安全且持续稳定的增值。

最后祝愿大家利用这本书，在A股市场所向披靡，成为市场真正的赢家。